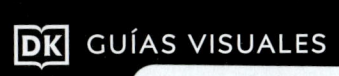

GUÍAS VISUALES

AF276688

TOP 10
NORMANDÍA

Top 10 Normandía

Lo mejor
de Normandía

CONTENIDOS

Recorridos por Normandía

Datos útiles

Las listas Top 10 de esta guía no siguen un orden jerárquico en cuanto a calidad o popularidad. Cualquiera de las 10 opciones, a juicio del editor, tiene el mismo mérito.

Portadilla, cubierta y lomo
Vista panorámica Notre-Dame de la Garde, Étretat
Contracubierta, en sentido de las agujas del reloj desde arriba a la izquierda
Quesos blandos Honfleur; acantilados naturales de Étretat; puerto de Honfleur; Notre-Dame de la Garde; atardecer en Ruan.

Debido a la pandemia de COVID-19 muchos hoteles, restaurantes y tiendas han modificado sus horarios o se han visto obligados a cerrar. Por favor consulte con cada establecimiento antes de acudir.

Toda la información de esta Guía Visual Top 10 se comprueba regularmente. Se han hecho todos los esfuerzos para que esta guía esté lo más actualizada posible a fecha de su edición. Sin embargo, algunos lugares han podido cerrar y algunos datos, como números de teléfono, horarios, precios e información práctica, pueden sufrir cambios. La editorial no se hace responsable de las consecuencias que se deriven del uso de este libro, ni de cualquier material que aparezca en los sitios web de terceros, además no puede garantizar que todos los sitios web de esta guía contengan información de viajes fiable. Valoramos mucho las opiniones y sugerencias de nuestros lectores. Puede escribir al correo electrónico: **travelguides@dk.com**

Bienvenido a
Normandía

Magnífica arquitectura gótica, litorales escarpados, palacetes sublimes, antiguos puertos de mar, campiñas bucólicas, quesos fuertes y sidras potentes. Estos son solo algunos de los encantos de Normandía, región que ha inspirado a incontables artistas y escritores. Con la guía Top 10 de Normandía puedes empezar a explorarla.

La rica y fascinante historia de Normandía queda patente en el imponente monasterio del **Mont-Saint-Michel,** en la obra maestra del arte gótico que es la **catedral de Ruan** o en el relato de la conquista normanda de Inglaterra, plasmada en el exquisito **tapiz de Bayeux.** No menos cautivadoras son las huellas de la historia más reciente que se observan en las playas donde se llevó a cabo el **Desembarco de Normandía,** plagadas de monumentos y cementerios conmovedores. El litoral de la región abarca desde los espectaculares acantilados de **Étretat** a las enormes playas y remotos cabos del **Cotentin.** En el interior de la región, en el **Pays d'Auge,** se encuentran exuberantes campiñas llenas de vergeles, prados donde pastan las vacas y preciosas casas señoriales con entramado de madera.

La visita a Normandía también ofrece la oportunidad de disfrutar de la cocina más refinada, de quesos y de sidra. Para quemar algo la comida, se pueden recorrer senderos idílicos en bicicleta, caminar por antiguos bosques, subir las boscosas montañas de la **Suiza normanda** o ir a caballo por la encantadora campiña de **Perche.**

Esta guía recoge lo mejor que tiene la región, desde hermosas aldeas a elegantes centros turísticos de la *belle époque.* Ofrece todo tipo de consejos útiles, desde actividades gratuitas hasta cómo llegar a los lugares menos conocidos, así como seis itinerarios diseñados para aunar las mejores vistas en el menor tiempo. Las bellas fotografías y mapas detallados hacen además que esta guía sea un compañero de viaje esencial. **Disfruta de la guía y disfruta de Normandía.**

En sentido de las agujas del reloj, desde arriba: **barcas en Étretat; puente de Normandía; Mont-Saint-Michel; detalle del tapiz de Bayeux; Le Vieux Bassin en Honfleur; gárgola de la iglesia de Notre-Dame de Louviers, interior de la basílica de Santa Teresita de Lisieux**

Explorar Normandía

Normandía tiene un precioso litoral, hermosas campiñas y pueblos históricos. Estos itinerarios de 2 o 7 días te ayudarán a sacar el máximo partido a la visita a esta fascinante región.

Las famosas torres de la impresionante catedral de Ruan.

Playa de Omaha

Bayeux

MANCHA

Granville

Mont-Saint-Michel

0 km   20

Dos días en Normandía

Día ❶

MAÑANA
Explora Honfleur *(ver pp. 20-21)* y su pintoresco puerto, repleto de bonitos cafés y casas que te transportarán a la Edad Media. No te pierdas la extraordinaria iglesia de madera de Sainte-Catherine, el peculiar museo Les Maisons Satie y los hermosos paisajes marinos del Musée Eugène Boudin.

TARDE
Dirígete hacia el suroeste hasta el elegante Deauville *(ver pp. 32-33)*. Camina junto a la playa para admirar el mar por un lado y la arquitectura anglonormanda de la *belle époque* por el otro.

Día ❷

MAÑANA
Intérnate en el **Pays d'Auge** *(ver pp. 38-39)*, con sus prados y casas con entramado de madera. Haz una parada en el hermoso pueblo de **Beuvron-en-Auge** *(ver p. 56)*, uno de los *"plus beaux villages"* de Francia.

TARDE
Dirígete al noreste, a **Ruan** *(ver pp. 24-27)*, disfruta de la catedral gótica de Notre-Dame y de sus calles medievales perfectamente conservadas. Hay varios museos excelentes, sobre todo el **Musée des Beaux-Arts** *(ver p. 55)* y el **Historal Jeanne d'Arc** *(ver p. 26)*, en el que se presenta la historia de Juana de Arco.

Siete días en Normandía

Día ❶

Comienza en **Étretat** *(ver pp. 30-31)*, uno de los centros turísticos costeros más atractivos de Normandía, con sus espectaculares acantilados y sus restaurantes de mariscos. Luego dirígete a la localidad de **Honfleur** *(ver pp. 20-21)* y pasea por su puerto, Vieux Bassin.

Día ❷

Pasa una relajante mañana en **La Côte Fleurie** *(ver pp. 32-33)*, en Deauville o Trouville. Después del

Simbología
- Itinerario de dos días
- Itinerario de siete días

Beuvron-en-Auge es uno de los pueblos más bonitos de la región.

Étretat

SENA MARÍTIMO

Trouville *Honfleur*

Abbaye de Jumièges

Ruan

Falaises des Vaches Noires

Deauville

Cabourg

Beuvron-en-Auge

Pays d'Auge

EURE

Giverny

Route du Cidre

CALVADOS

Roche d'Oëtre

Suiza normanda

ORNE

Sées

Le Perche

Bellême

almuerzo ve a Cabourg, asociado con el gran novelista francés y crítico literario Marcel Proust. Luego ve a buscar fósiles a las Falaises des Vaches Noires.

Día ❸
Visita las **Playas del Día D** *(ver pp. 34-37)*. La amplia playa de Omaha resulta particularmente impresionante. Cerca está el cementerio americano y dos museos. Por la tarde, dirígete en coche al interior, hasta **Bayeux** *(ver pp. 16-19)* a ver su famoso tapiz y la encantadora catedral.

Día ❹
Levántate pronto y dirígete a **Granville** *(ver p. 105)*. Pasa un rato admirando las excelentes playas y su impresionante ciudadela amurallada. Sigue hacia el sur hacia el **Mont-Saint-Michel** *(ver p.12-15)*, con las vistas más espectaculares de toda la región. Cruza el puente peatonal y descubre la abadía y el resto de la isla.

Día ❺
Conduce hasta la **Suiza normanda** *(ver p. 95)*, una encantadora región de colinas boscosas y peñascos rocosos. Sube a la Roche d'Oëtre y disfruta de las soberbias vistas de las Rouvre Gorges. Haz una pausa en el camino para almorzar y sigue al este a través de la exuberante campiña del **Pays d'Auge** *(ver pp. 38-39)*, de donde son los famosos quesos de Normandía. Sigue la Route du Cidre para acabar el día visitando una destilería.

Día ❻
Explora **Le Perche** *(ver p. 112)*, una región virgen llena de colinas y bosques y encantadores pueblos, como por ejemplo **Sées o Bellême** *(ver p. 114)*. Después, sumérgete en el exquisito jardín de Claude Monet de **Giverny** *(ver pp. 40-43)*.

Día ❼
Dirígete a la capital de la provincia, **Ruan** *(ver pp. 24-27)*. Pasa la tarde paseando entre las hermosas ruinas de la **Abbaye de Jumièges** *(ver pp. 22-23)*.

Top 10 Normandía

La Porte d'Aval y la Aiguille d'Étretat

TOP 10 Lo esencial de Normandía

Cuando se habla de Normandía se piensa en Guillermo el Conquistador, el Desembarco de Normandía, el Mont-Saint-Michel, los espectaculares acantilados, las abadías históricas o el jardín de Monet. Sea lo que sea lo que se asocie a Normandía, se queda corto frente a todo lo que tiene que ofrecer esta región.

Mont-Saint-Michel ①
Esta colina solitaria coronada por una abadía monumental se convirtió en lugar de peregrinación hace más de mil años *(ver pp. 12-15)*.

② Tapiz de Bayeux
Este singular documento histórico cuenta la historia de la conquista normanda de Inglaterra en 1066 *(ver pp. 16-17)*.

Mapa con localidades: Port Racine, Cherburgo, Vauville, Valognes, Les Pieux, Barneville-Plage, Carentan, Lessay, Marigny, St-Lô, Coutances, Granville, Mont-Saint-Michel ①, Avranches, Brécey, Sourdeval, Domfront, Le Teilleul, Playas del Día D ⑧, Arromanches-les-Bains, Ouistreham, Bayeux ②, Caen, Aunay-sur-Odon, Campeaux, Vire, Flers, La Ferté-Macé, Falaise. Bahía del Sena. MANCHA, CALVADOS, ORNE. 0 km 20.

④ Abbaye de Jumièges
Estas magníficas ruinas que mezclan arquitectura gótica y románica son lo único que queda de una abadía benedictina del siglo VII *(ver pp. 22-23)*.

Honfleur ③
Un auténtico imán para los artistas desde el siglo XIX, este pintoresco pueblo fue en su día un importante centro mercantil *(ver pp. 20-21)*.

5 Notre-Dame, Ruan

Casi 400 años se tardó en construir esta espléndida catedral gótica, desde la bellísima armonía de la nave hasta las tallas decorativas de la fachada oeste *(ver pp. 24-25)*.

6 Étretat

La vista de los acantilados de la Côte d'Albâtre alcanza cotas espectaculares cerca de este pueblo costero, que alberga un buen número de edificios medievales *(ver pp. 30-31)*.

7 Deauville y La Côte Fleurie

Esta encantadora franja costera constituye todo un glamuroso paraíso veraniego *(ver pp. 32-33)*.

8 Playas del Día D

Museos, monumentos y cementerios de toda esta zona conmemoran la llegada de los Aliados y la batalla de Normandía *(ver pp. 34-37)*.

9 Pays d'Auge

Famosa por la sidra, los quesos, las casas con entramado de madera y los paisajes ondulantes, esta zona es la quintaesencia misma de Normandía *(ver pp. 38-39)*.

10 Fondation Claude Monet, Giverny

La casa en la que vivió Monet durante más de 40 años y su hermoso jardín son un homenaje al pintor *(ver pp. 40-43)*.

TOP 10  Mont-Saint-Michel

Este escarpado peñasco coronado por una magnífica abadía parece brotar en medio del paisaje que lo rodea: una amplia extensión de arena o agua, según lo altas que estén las enormes mareas. Atracción principal de la región desde la llegada de los primeros peregrinos hace mil años, en la actualidad recibe alrededor de tres millones de visitantes cada año, aunque en él solo viven treinta personas.

1 Abadía
Espléndida construcción **(derecha),** mezcla de estilos arquitectónicos. La joya es el Merveille, de la época de mayor auge del lugar, donde están los claustros, el salón de los caballeros, el refectorio y las habitaciones de invitados.

Murallas 2
Con impresionantes torres **(izquierda),** la parte más amplia se hizo para repeler a los ingleses en la guerra de los Cien Años. Los soldados del abad se refugiaron en la Tour de l'Arcade.

3 Grand Rue
La Grande Rue **(izquierda)** empieza en la fortificada Porte du Roy y asciende hasta lo alto de la colina. Esta hermosa y estrecha calle adoquinada la recorrieron los peregrinos del siglo XII, y sigue siendo el camino hasta la cima. Pero hoy en día los visitantes solo ven un auténtico caos de tiendas de recuerdos y restaurantes demasiado caros.

UNA ISLA

En 2014, el Mont-Saint-Michel recuperó su condición de isla después de más de cien años. Como parte de un proyecto orientado a restaurar el "carácter marítimo" del monte, se retiró el paso elevado que unía la isla con el resto del continente. En su lugar se construyó una pasarela peatonal. Ahora la marea fluye libre, limpiando arena y légamos acumulados durante muchos años. Los visitantes deben dejar el coche en tierra y cruzar la pasarela a pie, en bicicleta o en autobús. Es de destacar que para visitar la isla no hay que pagar entrada.

Mapa del Mont-St-Michel

5 Scriptorial d'Avranches

Con varios vídeos y juegos interactivos, el visitante puede contemplar desde manuscritos medievales **(arriba)** a libros electrónicos.

6 Archéoscope

Una gran maqueta del Mont-Saint-Michel descansa sobre un enorme tanque de agua amenizado con un espectáculo de luces y sonidos.

7 Église St-Pierre

La iglesia parroquial se empezó a construir en el siglo XI, pero no se acabó hasta el XVII. Entre sus obras de arte, hay una estatua de plata de san Miguel.

8 Chapelle St-Aubert

La leyenda dice que había una gran roca bloqueando la entrada a una cueva donde hoy está la abadía. Nadie había podido mover la roca hasta que un día, un niño le dio una patada y milagrosamente la tiró al mar. Esta capilla del siglo XV **(derecha)** ocupa el lugar donde se supone que aterrizó la roca.

4 Ecomusée de la Baie du Mont-Saint-Michel

Este centro de exploración en la costa apto para niños tiene maquetas y exposiciones interactivas sobre el entorno, la fauna de la bahía, la historia de la pesca y la producción de sal.

9 Logis Tiphaine

Bertrand du Guesclin, general del rey, hizo esta casa en 1365 para que su esposa Tiphaine se refugiase en ella mientras él iba a la guerra.

10 Musée Historique

Lo principal son unas botas de montar del siglo XVII, el periscopio, un baño de los monjes medieval y la recreación de las mazmorras.

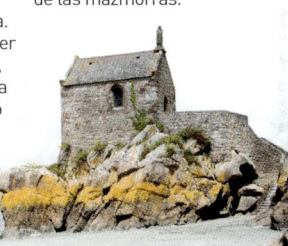

INFORMACIÓN ÚTIL

MAPA B5 ▪ Office de Tourisme: Grande Rue ▪ 02 33 60 14 30 ▪ www.abbaye-mont-saint-michel.fr

Abadía: 02 33 89 80 00; may-ago: 9.00-19.00; sep-abr: 9.30-18.00 (reservar con antelación). Se cobra entrada

Ecomusée de la Baie du Mont- Saint-Michel: Rte du Grouin du Sud, Vains; 02 33 89 06 06; abr-jun: 14.00-18.00; jul-sep: 10.00-18.00. Se cobra entrada

Scriptorial d'Avranches: Pl. d'Estouteville, Avranches; Los horarios varían, consultar página web. Se cobra entrada; www.scriptorial.fr

Archéoscope: 02 33 89 01 85; med feb-jun y med sep-med nov: 9.30-17.30; jul y ago 9.00-18.30. Se cobra entrada

Logis Tiphaine: 02 33 60 23 34; 10.00-17.30 diario. Se cobra entrada

Musée Historique: 02 33 60 07 01; ene-mar, nov y dic: 9.30-17.00 vi-ma; abr-oct: 9.00-18.30 diario. Se cobra entrada

▪ **Chemins de la Baie** *(www.cheminsdelabaie.com)* **organiza visitas guiadas por el Mont-Saint-Michel.**

Mont-Saint-Michel: la abadía

1 Terraza oeste
Desde esta terraza se aprecian vistas sobrecogedoras. En los días claros se ven las islas del Canal, de donde provino el granito que se usó para construir la abadía.

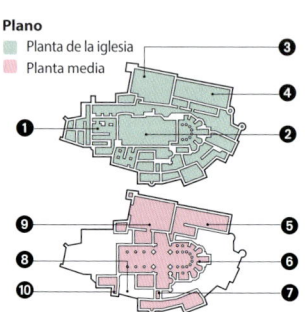

Plano
- Planta de la iglesia
- Planta media

Presbiterio de la iglesia de la abadía

2 Iglesia de la abadía
A pesar de su elegante techo, la austera nave románica -lo más antiguo de la iglesia- se ve eclipsada por el presbiterio de estilo gótico flamígero. Las paredes de la fachada oeste están cubiertas de hollín por un incendio del siglo XIX, cuando la abadía se usaba como prisión.

3 Claustro
Este claustro proporcionaba a los monjes un lugar en el que meditar, conversar y hacer ejercicio.

4 Refectorio
Exceptuando a un monje que leía en voz alta las Escrituras, el resto comía en silencio en esta estancia.

5 Habitación de invitados
La luz entra por los enormes ventanales de esta estancia de bóveda de crucería que se usaba para alojar invitados importantes. La comida se preparaba en las dos enormes chimeneas.

6 Cripta de las poderosas columnas
Para soportar el peso del nuevo presbiterio, en 1446 se construyeron diez columnas de granito en esta cripta. Solían ocuparla los acusados que esperaban el juicio del abad, que presidía el tribunal en la estancia anexa.

7 Cripta de san Martín
Decorada con frescos, esta cripta constituía los cimientos del crucero sur. Se usaba como capilla funeraria para los no religiosos.

8 Prisión
Durante la Revolución francesa se usó la abadía como prisión. Ya no está la jaula de hierro en la que se encerraba a los prisioneros peligrosos, pero la enorme polea con la que se subían los suministros aún puede verse.

9 Salón de los caballeros
Este enorme e imponente salón era el *scriptorium* de los monjes, donde estudiaban y copiaban manuscritos. Una trampilla da al almacén de comida.

Las bóvedas del Salón de los caballeros

10 Capilla de san Esteban
La capilla funeraria de los monjes estaba ubicada entre la enfermería y el osario en el que se conservaban los huesos de los muertos. Los monjes velaban a los muertos durante tres días y tres noches.

SAN MIGUEL Y SAN AUBERTO

Según la leyenda, el arcángel san Miguel se le apareció tres veces en sueños a Aubert, obispo de Avranches, y le ordenó que construyese un oratorio en Mont Tombe (la tumba de la colina). Como Aubert se retrasaba en cumplir lo que le había ordenado, el impaciente arcángel le hundió un dedo en la frente. En 708, Aubert construyó una pequeña iglesia que pronto se convirtió en lugar de peregrinaje de los *miquelots*, seguidores del culto a san Miguel, que se habían establecido al oeste en el siglo V.

La brillante estatua bañada en oro que hay en lo alto del chapitel de la abadía fue esculpida por Emmanuel Frémiet en 1897. Representa al arcángel en su tradicional pose guerrera. Vestido con armadura, san Miguel mata a un dragón (símbolo del Demonio) con su espada. En la otra mano lleva una balanza, referencia a la creencia medieval de que era san Miguel quien sopesaría las almas de los muertos en el Día del Juicio Final.

Estatua de san Miguel de Frémiet, sobre el chapitel

El arcángel san Miguel es un guerrero santo. Al frente de los ejércitos de Dios, golpea al Demonio, bajo la forma de un dragón, en la gran guerra del fin de los tiempos. Es el patrón de los marineros de Normandía.

TOP 10 ★ Tapiz de Bayeux

Documento histórico único, y a la vez impresionante obra de arte, el tapiz de Bayeux representa la historia de la conquista normanda de Inglaterra en 1066, y lo hace con trepidante pulso narrativo. Elaborado en lana de ocho brillantes tonos de rojo, amarillo y azul, consta de 58 escenas tipo cómic que fueron bordadas apenas 11 años después de la conquista. El conjunto es una única pieza de tela de 70 metros de largo. Se cree que fue realizado a instancias de Odo, obispo de Bayeux y medio hermano de Guillermo el Conquistador.

1 El tapiz
El tapiz se expone desplegado en una galería con forma de herradura **(arriba)** iluminada con luces tenues para preservar los colores. La guía de audio describe todas las escenas y detalles.

3 La misión de Harold en Normandía
En la primera escena **(izquierda),** Eduardo I el Confesor envía a Harold desde Inglaterra a Normandía para darle al duque Guillermo la noticia de que será el heredero al trono.

4 Guillermo invade Inglaterra
En cuanto Guillermo ordena que construyan la flota invasora **(arriba),** los estilizados árboles que separan las escenas del tapiz dejan de aparecer. La historia aumenta de ritmo.

2 El tapiz explicado
Frente al tapiz hay una franja de tela de 85 metros que explica toda la historia. Al lado de cada escena hay una traducción del original en latín.

5 El vídeo
Mapas y dibujos retratan los acontecimientos de la conquista normanda. Un vídeo explica la historia desde el punto de vista de Odo.

6 El juramento de Harold

Esta escena es clave (n.º 27), ya que aporta fuerza moral a la historia, contada desde el punto de vista normando (arriba): Harold jura lealtad al duque Guillermo mientras toca unas reliquias sagradas.

7 La Inglaterra de Guillermo

Figuras de tamaño real, mapas y maquetas a escala (incluyendo una bonita maqueta de una aldea de Hampshire) muestran la influencia de Guillermo en todos los aspectos de la vida inglesa de su época.

8 El perjurio de Harold

Harold regresa a Inglaterra desde Normandía. Tras la muerte de Eduardo el Confesor, Harold es coronado rey, rompiendo el juramento a Guillermo. La aparición del cometa Halley predice su caída (n.º 32).

9 La batalla de Hastings

Las escenas de batalla (abajo) están representadas a la perfección: los enfrentamientos, el clamor y el horror de las batallas medievales (n.º 51 a n.º 58).

10 La muerte de Harold

El tapiz llega a su fin bruscamente con la muerte de Harold y la victoria de Guillermo sobre los ingleses. La escena parece apoyar la leyenda de que Harold recibió un disparo de flecha en el ojo.

INFORMACIÓN ÚTIL

MAPA D3 ■ Office de Tourisme: Rue St-Jean; 02 31 51 28 28 ■ Centre Musée de la Tapisserie de Bayeux: Rue de Nesmond; 02 31 51 25 50 ■ www.bayeux museum.com

Horarios de apertura variables, consultar página web; cerrado ene

Entrada: 9,5 €, reducido 5 €, gratis menores de 10 años

■ El restaurante Pommier (Rue des Cuisiniers) o Le P'tit Resto (2 Rue du Bienvenu) son dos sitios excelentes para comer.

■ En jul y ago, la oficina de turismo organiza visitas guiadas a la catedral (5 €). Hay cuatro visitas diarias. Las visitas incluyen la sala del tesoro y la sala capitular.

Guía del museo
La visita al tapiz dura unos 30 minutos: una pasarela se desplaza lentamente por las 58 escenas del tapiz. Seguidamente, tanto la exposición como el vídeo proporcionan interesante información sobre el contexto y la historia de la conquista normanda de Inglaterra, así como sobre la creación del tapiz.

Bayeux

① Musée d'Art et d'Histoire Baron Gérardd
37 Rue du Bienvenu ▪ Horario: may-sep 9.30-18.30 diario; feb-abr, oct-dic 10.00-12.30 y 14.00-18.00 diario ▪ Se cobra entrada ▪ www.bayeux museum.com
El museo recorre toda la historia de Bayeux. Entre lo más destacado se encuentra una capilla con frescos.

Catedral de Notre-Dame de Bayeux

② Cathédrale Notre-Dame
Modificada a lo largo de la historia, la catedral fue consagrada ante Guillermo el Conquistador en 1077.

③ Musée Mémorial de la Bataille de Normandie
Bayeux es el lugar ideal desde el que visitar las Playas del Día D. Este museo proporciona una excelente introducción cronológica a la batalla de Normandía para toda la familia (ver p. 36).

④ Conservatoire de la Dentelle
Maison Adam et Eve, 6 Rue du Bienvenu ▪ Horario: 9.30-12.30 y 14.00-17.30 lu-sá ▪ www.dentelles bayeux.com
Los visitantes pueden ver cómo trabajan las artesanas que mantienen viva la labor del encaje tradicional.

⑤ Cementerio y monumento británico
El cementerio británico más grande de Normandía alberga 4.144 tumbas.

Plano de Bayeux

⑥ Río Aure
El río Aure propició el comercio en la Edad Media, incluyendo a molineros, curtidores y tintoreros. Al pasear por el río se atisban restos de ese próspero periodo.

⑦ Le P'tit Train
Desde la catedral y la oficina de turismo ▪ 02 31 51 28 28 ▪ Horario: abr-oct: varias hora al día ▪ Se cobra entrada
La historia y los monumentos del Vieux Bayeux a bordo del Pequeño Tren.

⑧ Jardin Botanique de Bayeux
55 Rte de Port-en-Bessin ▪ Horario: 9.00-17.00 diario (mar y oct: hasta 19.00; abr-sep: hasta 20.00)
Un jardín botánico con una haya llorona de 13 metros de diámetro.

⑨ Le Mémorial des Reporters
Liberty Alley ▪ 02 31 51 28 28
Este jardín tiene 27 columnas con los nombres de más de 2.000 periodistas fallecidos mientras cubrían conflictos bélicos desde 1944.

⑩ Vieux Bayeux
Un camino por las calles del casco antiguo, con postes de información en los puntos de mayor interés.

Bayeux medieval

GUILLERMO EL CONQUISTADOR

Guerrero de la cabeza a los pies, duque de Normandía y rey de Inglaterra, Guillermo vivió y murió por la espada. Y sin embargo, a pesar de sus ansias de batalla (el tapiz de Bayeux ilustra algunas de sus incursiones en Normandía), era un buen estadista capaz de crear orden a partir del caos. Tras ganar la corona inglesa, realizó cambios y mejoras radicales en la sociedad al fusionar las prácticas continentales con las costumbres de la isla: Guillermo instituyó un tipo de feudalismo que reforzaba la monarquía, le restó poder a la Iglesia y apoyó el sistema educativo de la época. Con su esposa, Matilda, fundó unas 30 abadías, incluyendo dos en Caen *(ver pp. 52-53).*

El **Domesday Book,** un enorme y detallado registro de propiedades territoriales de la Inglaterra de finales del siglo XI, supuso el colofón de las reformas territoriales normandas (y de la ocupación). Hoy en día se considera uno de los documentos más importantes de la historia inglesa.

Manuscrito con Guillermo el Conquistador

TOP 10
ACONTECIMIENTOS DE LA VIDA DE GUILLERMO

1 1027: Nace en Falaise

2 1035: Hereda el ducado de Normandía tras la muerte de su padre

3 1047: Con la ayuda del rey Enrique I de Francia, Guillermo aplasta a los barones rebeldes de Normandía

4 1051: Eduardo el Confesor, su primo, le promete supuestamente el trono de Inglaterra

5 1064: Harold Godwinson, rival de Guillermo por el trono de Inglaterra, le jura obediencia, quizá engañado o bajo coacción

6 1066: Harold sucede a Eduardo como rey de Inglaterra

7 1066: Guillermo invade Inglaterra, derrota a Harold y se corona como rey en la abadía de Westminster el día de Navidad

8 1072: Aplasta implacablemente a todos los rebeldes hasta que Inglaterra queda conquistada y unida

9 1086: Encarga la realización del *Domesday Book,* un estudio de incalculable valor sobre la posesión del territorio

10 1087: Muere en Ruan a causa de una herida sufrida en combate

TOP 10 ⭐ Honfleur

Con calles adoquinadas y casas con entramados de madera y fachadas de pizarra, Honfleur es un puerto mercantil con una larga historia marítima. Se menciona por primera vez en el siglo XI, y en el siglo XV era ya un importante puerto fortificado. Llegó a su máximo apogeo unos 200 años más tarde, cuando de él partieron intrépidos exploradores como Samuel de Champlain, fundador de la ciudad de Quebec. Le Vieux Bassin, el encantador muelle viejo, está repleto de coloridos barcos veleros. Desde el siglo XIX, la ciudad se ha convertido en asentamiento de artistas.

1 Le Vieux Basin

Este pintoresco puerto **(abajo)** fue construido en el siglo XVII a instancias de Colbert, ministro de economía de Luis XIV. Colbert también ordenó la demolición de las murallas. Particularmente atractivo en esta zona es el Quai Ste. Catherine.

2 Musée Eugène Boudin

Fundado en 1869 por los dos artistas más conocidos de Honfleur, Bousin y Louis-Alexandre Dubourg, el museo **(abajo)** alberga en la actualidad una emocionante colección de arte de los siglos XIX y XX.

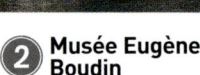

3 Église Ste-Catherine

Construida para reemplazar otra destruida en la guerra de los Cien Años, la iglesia **(izquierda)** tiene entramados de madera, con naves gemelas y altas columnas de roble. Las campanas están en un campanario aparte.

4 Greniers à Sel

La pesca mayoritaria de bacalao en el siglo XVI incrementó la demanda de sal como medio de conservación. Por ello se construyeron dos enormes almacenes de sal en la calle principal del *enclos,* la ciudad amurallada. Para ello se emplearon piedras de las viejas murallas y roble para los tejados, que se mantienen a la perfección hoy en día, y donde se celebran todo tipo de actos.

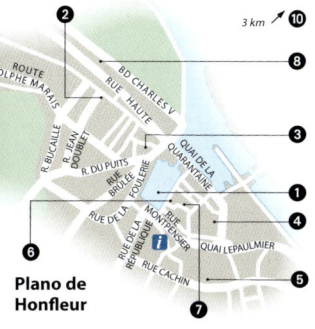

Plano de Honfleur

3 km ↗ ⑩

⑤ Église de St-Léonard

Desde los portones de estilo flamígero del siglo XVI al campanario octogonal del siglo XVIII, St. Léonard es un batiburrillo de estilos. El inusual atril de cobre fue creado en Villedieu-les-Poêles *(ver p. 104)*.

⑥ Musée de la Marine

Ubicado en una iglesia del siglo XIV, el Museo de la Marina **(arriba)** abarca toda la historia del puerto mediante maquetas a escala, instrumentos, grabados, alfanjes, cañones y demás artefactos fascinantes.

⑦ Musée d'Ethnographie

Nueve estancias repletas de objetos, muebles y ropajes que hacen viajar al pasado. La parte más encantadora del museo es la mercería, en la que se puede ver todo un muestrario de lazos.

⑧ Les Maisons Satie

Un tributo al compositor Erik Satie, nacido aquí en 1866, tan ecléctico como él mismo. Vídeos, surrealistas, estancias y esculturas electrónicas recrean el mundo de fantasía de Satie.

⑨ Chapelle Notre-Dame de Grâce

Los exploradores iban a esta preciosa capillita **(derecha)** antes de partir en barco. Construida en el siglo XVII para reemplazar otra derruída que cayó al mar, hoy aún es un lugar de peregrinaje.

⑩ Pont de Normandie

Inaugurado en 1995, este puente que parece de la era espacial conecta Honfleur y El Havre. Sus 856 metros de longitud ostentaron el récord (no mucho tiempo) de longitud de un puente atirantado.

TOP 10 ★ Abbaye de Jumièges

Fundada por san Filiberto en el año 654 gracias a una donación del estado de manos de la reina Batilda, esposa de Clodoveo II, fue una de las muchas abadías construidas por los duques de Normandía cuando la región se convirtió al cristianismo. A pesar de su agitada historia (fue saqueada por los vikingos, vuelta a construir y luego derruida de nuevo para ser usada como cantera), es parte del extenso patrimonio de Normandía, así como una parada importante en la famosa Ruta de las Abadías.

1 Fachada oeste de Notre-Dame
La impresionante fachada románica de Notre-Dame (**arriba**) fue construida sobre 1060, con un pórtico sobresaliente flanqueado de dos enormes torreones. De base cuadrada y techo octagonal, ambas torres tuvieron chapiteles de madera.

2 Almacén
En su día un importante salón para invitados, el almacén de diseño gótico y decoración románica sigue intacto, excepto por su bóveda de crucería.

Plano de la abadía

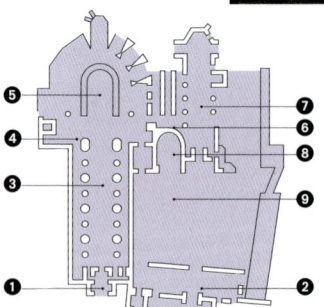

3 La nave de Notre-Dame
Los muros son lo único que queda de la nave románica (**arriba**), que está abierta al cielo tras la demolición de la bóveda de escayola con la que se reemplazó el techo de madera original.

4 El transepto de Notre-Dame
El muro del oeste es lo único que perduró del transepto del siglo XI. El crucero estaba rematado por un cimborrio para que entrase el máximo posible de luz.

⑤ Coro de Notre-Dame

No queda nada del primer coro, ya que las ruinas **(arriba)** son de una versión gótica del siglo XIII, compuesta por una girola con siete capillas anexas. El ambón ornamentado está decorado con bajorrelieves sobre la Pasión de Cristo.

⑥ Pasaje de Carlos VII

Esta arquería cubierta, de principios de la década de 1330, que unía las dos iglesias, es anterior a Carlos VII, pero se llamó así tras una visita del rey con su amante, Agnès Sorel, cuyo corazón está enterrado bajo una losa de mármol de la capilla del transepto norte.

⑦ Église de St-Pierre

La sección oeste de esta iglesia **(derecha)** fue construida en las primeras décadas del siglo IX, antes de las incursiones vikingas en Jumièges. Es un importante monumento del periodo carolingio.

⑧ Sala capitular

En este salón construido entre los siglos XI y XII se leía cada mañana un capítulo de las reglas de san Benedicto. También aquí se discutían los asuntos monásticos. Entre los siglos XII y XIII fue el lugar donde se enterraba a los abades.

⑨ Claustro

Hoy en día, el claustro **(izquierda)** es una extensión de césped con un tejo en el centro. Sin embargo, en su día fue el corazón de la abadía, el lugar donde los monjes paseaban, meditaban y realizaban ceremonias.

⑩ Residencia de la abadía

Al noroeste de la abadía, esta inmensa casa **(abajo)** fue construida por François de Harlay de Champvallon, un "elogioso" abad que fue elegido directamente por el rey.

🔟 ⭐ Catedral de Notre-Dame, Ruan

Ubicada en el centro histórico de la ciudad, esta magnífica catedral tardó casi 400 años en construirse. Representa un recordatorio de la duración del periodo gótico de la arquitectura francesa. A través de los siglos, la catedral ha ocupado la imaginación de los artistas, como por ejemplo Monet, que realizó 30 cuadros de la fachada oeste entre 1892 y 1894, tanto en diferentes horas del día y épocas del año, como en diferentes condiciones atmosféricas, para capturar los sutiles cambios de color y de luz.

1 Fachada oeste

Conocida por los cuadros de Monet, esta fachada profusamente tallada (**arriba**) refleja la evolución del estilo gótico. La parte más elaborada es el pórtico del siglo XVI realizado por Roulland le Roux.

2 Patio de los libreros

Creado como atajo para los novicios del lugar, este estrecho patio destaca por sus intrincados grabados.

Catedral de Notre-Dame

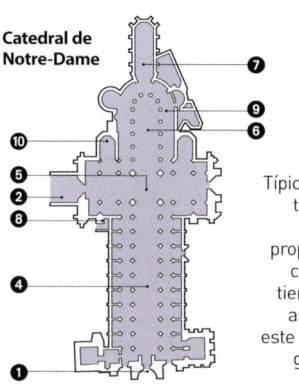

❼ ❾ ❻ ❿ ❺ ❷ ❽ ❹ ❶

3 Chapitel

Es notorio que a Gustave Flaubert no le gustaba nada, pero los habitantes le tienen afecto a este chapitel de hierro colado, el más alto de Francia. De osado diseño del XIX, alcanza la misma altura que las colinas que rodean la ciudad.

4 Nave

Típica del gótico temprano, la nave de exquisitas proporciones de esta catedral (**derecha**) tiene cuatro niveles: arcos, tribunas (en este caso, falsas), una galería y ventanas superiores.

5 Cimborrio

Alcanza la increíble altura de 151 metros sobre el transepto, desde el suelo a la clave de bóveda, llenando el interior de luz. En la base de cada columna hay bustos de 1 m de alto que, se dice, representan a los constructores de la torre, y parecen sostener su peso sobre los hombros.

6 Coro

El coro del siglo XIII está rodeado de altas columnas con enormes capiteles tallados sobre los que descansan arcos apuntados. La sillería, del mismo periodo, está tallada con escenas cómicas.

7 Capilla axial

La capilla dedicada a la Virgen, del siglo XIV, contiene las tumbas de más de 150 dignatarios, como la de los cardenales de Amboise realizada por le Roux.

8 Escalera de la biblioteca

Los tramos inferiores de esta soberbia escalera **(derecha)** son obra de Guillaume Pontifs, mientras que los superiores son copias del siglo XVIII. El arco conopial sobre la puerta de hierro colado es típico del gótico flamígero.

LA HISTORIA DE LA CATEDRAL

La construcción se inició a mediados del siglo XII en la ubicación de dos catedrales anteriores. La primera era del siglo IV, mientras que la segunda era un edificio románico del siglo XI del que solo se conserva la cripta. Tras un incendio en el año 1200, las obras prosiguieron hasta el siglo XVI. La catedral sobrevivió cuatro siglos más o menos intacta hasta quedar destrozada por los bombardeos del 19 de abril de 1944. Lo único que impidió que se derrumbara toda la construcción fueron dos arbotantes.

9 Tumbas de la girola

Aquí están las efigies de Rollón, Guillermo Espada Larga (más conocido por su corta estatura que por la longitud de su arma) y de Ricardo Corazón de León, que mandó enterrar su corazón en la catedral de Ruan *(ver p. 47)*.

10 Vidriera de San Julián el Hospitalario

En azules y rojos que parecen más propios de joyas, esta vidriera del siglo XIII cuenta la trágica historia de san Julián, que asesinó por error a sus padres y edificó un hospital como penitencia.

INFORMACIÓN ÚTIL

MAPA M6

■ Pl de la Cathédrale, 76000 Rouen

■ www.cathedrale-rouen.net

Horario 14.00-19.00 lu, 9.00-19.00 ma-sá, 8.00-18.00 do y festivos

La oficina de turismo cuenta con audioguías por 5 €.

....

■ **Dame Cakes** *(70 Rue St. Romain)*, ubicada en un edificio con entramado de madera cerca de la fachada norte de la catedral, tiene unas tartaletas y *gateaux* excelentes.

■ La oficina de turismo *(25 Pl de la Cathédrale)* ofrece una buena perspectiva de la fachada oeste de la catedral.

■ El patio de Albane volvió a abrir sus puertas en 2012 después de haber cerrado por excavaciones.

Otros lugares de interés en Ruan

Patio del Musée des Beaux-Arts

1 Musée des Beaux-Arts
PLANO M5 ■ Espl Marcel Duchamp ■ Horario: 10.00-18.00 mi-lu ■ www.mbarouen.fr

Cuadros de Caravaggio, Velázquez, Monet, Géricault, Dufy y Modigliani.

2 Aître St-Maclou
PLANO N6 ■ 186 Rue Martainville ■ Horario: 9.00-19.00 diario

Este plácido patio del siglo XIV fue en su día un cementerio de la peste. Las galerías de madera están decoradas con motivos que hacen referencia al *memento mori*.

3 Église St-Maclou
PLANO N6 ■ Pl Barthélémy ■ Horario: abr-sep 10.00-12.00, 14.00-18.00 sa-do (hasta las 17.30 oct-mar)

Una obra maestra del estilo arquitectónico gótico flamígero.

Bóvedas de la iglesia de St-Maclou

4 Le Gros Horloge
PLANO L5 ■ 191 Rue du Gros Horloge ■ Horario: abr-sep 10.00-13.00 y 14.00-19.00 ma-do; oct-mar: 14.00-18.00 ma-do ■ Se cobra entrada

El Gran Reloj tiene una pieza que muestra las fases de la luna.

5 Église Ste-Jeanne d'Arc
PLANO L5 ■ Pl du Vieux Marché ■ Horario: 10.00-12.00 lu-ju, sá y do, 14.00-18.00 vi

La cruz frente a esta iglesia señala el lugar del martirio de Juana de Arco.

6 Musée National de l'Éducation
PLANO N5 ■ 185 Rue Eau-de-Robec ■ Horario variable, consultar página web ■ www.reseau-canope.fr/musee

Este pequeño museo recorre 500 años de historia de la educación.

Fachada del Palacio de Justicia

7 Palais de Justice
PLANO M5 ■ 36 Rue aux Juifs ■ Cerrado al público

Los juzgados son un ejemplo de arquitectura gótica medieval tardía.

8 Historial Jeanne d'Arc
PLANO M5 ■ 7 Rue St-Romain ■ Horario: 10.00-19.00 ma-do (último ingreso 17.15) ■ Se cobra entrada ■ www.historial-jeannedarc.fr

Una exposición multimedia repasa la historia de Juana de Arco en el palacio del arzobispo donde la condenaron.

9 Musée Le Secq des Tournelles
PLANO M5 ■ 2 Rue Jacques Villon ■ Horario: 14.00-18.00 mi-lu

La colección de utensilios de hierro forjado más grande del mundo.

10 Musée de la Céramique
PLANO M4 ■ 1 Rue Faucon ■ Horario: 14.00-18.00 mi-lu

Más de 6.000 piezas que repasan la historia de la alfarería de Ruan.

JUANA DE ARCO

Aunque los hechos de la vida de Juana de Arco están registrados, la figura de Juana en sí sigue siendo un enigma. La doncella de Orleans, como se la llegó a conocer, provenía de una familia de campesinos devotos, apenas sabía leer o escribir y, sin embargo, consiguió convencer al delfín para que la pusiese al frente de su ejército. Resulta icónica la imagen andrógina de una Juana vestida con armadura, que ha sido retratada a lo largo de los siglos por escultores, pintores, dramaturgos y cineastas. Mientras que algunos críticos han relegado sus visiones religiosas a desórdenes psiquiátricos, muchos

otros creen que fue una visionaria. Tras su canonización, Francia la adoptó como santa patrona.

La ejecución de Juana de Arco se iba a celebrar el 24 de mayo de 1431, pero en el último instante, Juana cedió y acabó por abjurar. Más tarde se retractó de su abjuración, y acabó siendo ajusticiada el 30 de mayo.

TOP 10
MOMENTOS EN LA VIDA DE JUANA DE ARCO

1 Nace en Domrémy el 6 de enero de 1412

2 A los 13 años oye voces por primera vez

3 Cuatro años más tarde, las voces le dicen que salve a Francia de los ingleses

4 Consigue audiencia con el delfín Carlos el 9 de marzo de 1429

5 Conduce a los franceses a la victoria en Orleans (8 de mayo)

6 La capturan los borgoñones en mayo de 1430 y se la venden a los ingleses

7 Juzgada en Ruan por herejía y brujería (21 de febrero al 23 de mayo de 1431)

8 Muere en la hoguera en la Place du Vieux Marché el 30 de mayo de 1431

9 Rehabilitada en 1456

10 Canonizada en 1920

Cuadro que representa a Juana de Arco entrando en Orleans en mayo de 1429

Páginas siguientes Abadía del Mont-Saint-Michel

🔟⭐ Étretat

En su día un pueblo de pescadores y luego un balneario del siglo XIX, puede afirmarse que Étretat es el pueblo costero más seductor de toda Normandía. Ubicado en la Côte d'Albâtre (la costa de alabastro), lo rodean dos espectaculares acantilados, la Falaise d'Aval y la Falaise d'Amont, ambos horadados por el mar hasta formar increíbles arcos. Artistas como Courbet y Monet quedaron cautivados por el juego de luces de esos acantilados blancos, y lo reflejaron en sus lienzos.

1 Paseo marítimo

Étretat no tiene puerto, solo un paseo marítimo que va paralelo al mar. El paseo ofrece vistas dignas de postal de las formaciones rocosas que la flanquean a cada lado y que han inspirado a incontables pintores a lo largo de los años *(ver pp. 48-49)*. Al anochecer, se enciende la espectacular iluminación de los acantilados.

2 Monumento a los aviadores Nungesser y Coli

En lo alto de la Falaise d'Amont hay un monumento a los aviadores franceses Nungesser y Coli **(arriba)** quienes en 1927 organizaron en París el que pretendía ser el primer vuelo transatlántico de la historia.

3 Porte d'Amont

Arco natural en la Falaise d'Amont, el acantilado de la parte noreste de Étretat. Guy de Maupassant contó en una de sus historias que era por un elefante que había hundido la trompa en el agua. Cuando hay marea baja es posible caminar por la playa hasta allí.

4 Notre-Dame de la Garde

Con amplias vistas al mar, la capilla de los marineros **(derecha)** se halla en el borde de la Falaise d'Amont. Construida en 1856, fue destruida en la Segunda Guerra Mundial y reconstruida en 1950.

5 Falaise d'Aval

En la parte sudoeste de Étretat, este acantilado cuenta con un arco natural justo a orillas del mar **(arriba)**. Desde lo alto del acantilado se puede contemplar la *aiguille d'Étretat,* una "aguja" de roca puntiaguda.

Plano de Étretat

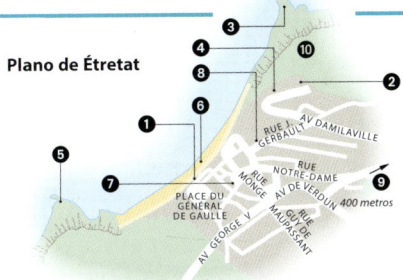

6 Playa

La playa de guijarros de Étretat **(abajo)** baja en pronunciada pendiente hasta el agua. En su día se traían hasta la playa barcas que hacían las veces de bares. Ahora se han quedado como restaurantes.

7 Place Foch

La plaza del mercado tiene varios edificios medievales de entramado de madera y un mercado de madera **(arriba)**, en el que hay varias tiendas de recuerdos. Todos los jueves se ponen puestos en la plaza.

INFORMACIÓN ÚTIL

MAPA F2 ▪ Office de Tourisme: Pl Maurice Guillard ▪ 02 35 27 05 21 ▪ www.lehavre-etretat-tourisme.com

Parc des Roches: Rue Jules Gerbeau; 02 35 27 01 23; abr: 14.00-18.00 diario; may, jun y sep: 14.00-18.00 mi, sá y do; jul y ago: 10.00-19.00 diario. Entrada al minigolf: 3,50€, niños 2,50€

Vélo-Rail Les Loges-Étretat: La Gare, Les Loges; reserva con antelación en el 02 35 29 49 61; jul y ago: diario, abr-jun, sep y oct: lu, mi, sá y do. Entrada: a partir de 30€, www.velo-rails-etretat.fr

▪ El camino hasta la cima de los acantilados es sin barandilla y muy empinado.

▪ Para reducir el riesgo de erosión de la playa de Étretat, evitar llevarse piedras a casa como recuerdo.

8 Mansiones de la *belle époque*

Hay varias, como la Villa Orphée, construida por el compositor Jacques Offenbach, o La Guillette, en la que vivió Maupassant durante un tiempo.

9 Vélo-Rail Les Loges–Étretat

Una actividad divertida es recorrer los 5 km de Les Loges hasta Étretat en un vehículo a pedales, para regresar en un viejo tren diésel.

10 Parc des Roches

Situado en lo alto de la Falaise d'Amont, el parque de ocio Parc des Roches tiene piscina infantil, toboganes, un castillo hinchable y un minigolf. Los adultos pueden relajarse y disfrutar de las vistas panorámicas.

☆ Deauville y La Côte Fleurie

Entre Honfleur y Cabourg, la costa normanda cuenta con centros turísticos, casinos, lugares donde practicar deportes acuáticos y playas soleadas y arenosas tras frondosas colinas. Todo comenzó en Trouville, donde se inició la fiebre decimonónica por los baños en el mar. Luego vino la animada y romántica Deauville, construida en 1860 por un trío de ricos emprendedores. En 1910 se añadió un paseo marítimo, un casino y un hipódromo. Como contraste, Touques y Dives-sur-Mer tienen vínculos históricos con Guillermo el Conquistador, mientras que la majestuosa Cabourg siempre quedará asociada con Marcel Proust.

① Deauville
Carreras de caballos en la playa al alba, un glamuroso paseo marítimo, un resplandeciente casino, el suntuoso Hôtel Normandy, el Bar du Soleil, los baños pompeyanos, tiendas de diseño, puertos deportivos, mansiones de estilo Tudor **(arriba):** este es el epítome del complejo hotelero de lujo.

② Touques
Se pueden visitar los restos del castillo de Guillermo el Conquistador en Bonneville, sobre el puerto de Touques. En el coqueto centro de la ciudad se alza una iglesia del siglo XI consagrada a St. Pierre, con un inusual cimborrio octogonal.

③ Trouville-sur-Mer
En contraste con la vecina Deauville, el pueblo de Trouville **(abajo)** exuda un aire de despreocupación. Las atracciones incluyen el paseo marítimo orientado al sur, las barcas pesqueras y la lonja del pescado, así como parques para los niños, el maravilloso y florido casino de 1912 y el ayuntamiento.

④ Villers-sur-Mer
En este complejo (**arriba**) comienzan los acantilados Vaches Noires, en los que se han hallado muchos fósiles, que están en el museo Paléospace l'Odysée.

⑤ Villerville
En verano, este pueblo costero rodeado de bosques y prados organiza rutas de senderismo por la costa.

⑥ Mont Canisy
Se alza por encima de Deuville, con vistas a El Havre y al río Orne. Bajo tierra hay búnkeres y túneles alemanes.

⑦ Falaise des Vaches Noires
Un paseo con la marea baja entre Villiers y Houlgate llega más allá de los acantilados de las Vaches Noires.

⑧ Houlgate
Al igual que Villers-sur-Mer, Houlgate destaca por su arquitectura neonormanda, compuesta de entramados de madera, gabletes, torrecillas y torres.

⑩ Dives-sur-Mer
El viejo puerto del que partió Guillermo I a conquistar Inglaterra tiene un magnífico mercado con roble (**izquierda**) *(ver p.76)* y la iglesia de Notre-Dame, construida en 1067.

⑨ Cabourg
Hay que tomar el té en el Grand Hôtel (**derecha**), que Proust describió en En *busca del tiempo perdido*. Al igual que la propia Cabourg, el hotel tiene un regusto a tiempos decimonónicos pasados.

★ Playas del Día D

El 6 de junio de 1944, tropas británicas, americanas, canadienses y de la Commomwealth invadieron la Francia ocupada por los nazis para liberar el país. El desembarco de los Aliados en las playas de la bahía del Sena (que aún se conocen por sus nombres en clave) y la violenta batalla de Normandía que se desató a continuación se recuerda hoy en día a través de un conmovedor grupo de museos, monumentos y cementerios. Bien mantenidos y expuestos con gran claridad, estos lugares ofrecen a los visitantes información fascinante sobre los acontecimientos históricos de aquel decisivo verano.

1 Playa de Utah y St-Mère-Église

Más de 13.000 paracaidistas saltaron sobre las marismas de Cotentin **(arriba)**; la 4.ª División de EE. UU llegó a las playas y unió sus fuerzas con ellos.

2 La Pointe du Hoc

Este sombrío cabo se conserva tal y como estaba al final del conflicto. A él llegaron los Rangers de EE. UU, que subieron los acantilados con cuerdas y escaleras, con cuantiosas bajas.

4 Batteries de Longues
Longues-sur-Mer

Cerca de Arromanches, esta es la única batería alemana que aún tiene armas. Se puede visitar el puesto de observación **(arriba)**, al borde del acantilado.

5 Cementerio americano
Colleville-sur-Mer

Formal y tranquilo, el cementerio de guerra más visitado del mundo **(abajo)** alberga 9.387 tumbas y un conmovedor monumento.

3 Playa de Omaha

En "la sangrienta Omaha" **(arriba)**, las tropas americanas sufrieron terribles pérdidas. La historia se cuenta en 1 gráfico, 2 museos, 11 monumentos y en el Cementerio americano.

6 Arromanches

Los restos del artificial Mulberry Harbour **(arriba)** forman una impresionante escena, testimonio del ingenio de Winston Churchill, quien llegó a la conclusión de que, para que las tropas pudieran desembarcar, tendrían que usar sus propios puertos portátiles.

VISITAR LAS PLAYAS

Se pueden recorrer en coche dos rutas temáticas que llevan a las principales playas del Día D. Estas rutas se encuentran salpicadas de postes con información en todos los lugares de interés, marcados con el dibujo de una paloma. Hay más información en la página web del Consejo de Turismo de Normandía (*www.normandie-tourisme.fr*) o en *www.cheminsdememoire.gouv.fr*. También se puede hacer la ruta ciclista VéloWestNormandy (consultar la página web de la oficina de turismo).

7 Playa Gold

Poco después de desembarcar aquí, la 50.ª División del Ejército británico conquistó Arromanches y estableció Mulberry Harbour. En 2021 se construyó un monumento en honor de los 22.442 soldados británicos que murieron aquí.

8 Playa Juno

Pequeños centros turísticos salpican la playa en la que desembarcó la 3.ª División del Ejército canadiense. El hermoso Cementerio canadiense, en Beny-sur-Mer, contiene 2.048 tumbas.

9 Playa Sword

Aunque los Aliados pusieron la cabeza de playa con relativa facilidad, no consiguieron el objetivo principal: liberar Caen. Los habitantes esperaron 34 días más hasta su liberación.

10 Puente Pegasus
Bénouville/Ranville

El primer grupo de Aliados que llegó a Francia fue la 6.ª División aérea del Ejército británico, que tomó este puente estratégico **(abajo)**, rebautizado en honor a su insignia.

INFORMACIÓN ÚTIL

MAPA C3, D3 ▪ Office de Tourisme: Rue St-Jean, Bayeux; www.bayeux-bessin-tourisme.com ▪ Búnker de observación, La Pointe du Hoc: abr-sep: 9.00-18.00 diario; oct-mar: 9.00-17.00 diario

▪ La Marine en Arromanches, La Marée en Grandcamp-Maisy y Le Bistrot d'à Côte en Port-en-Bessin *(ver p. 99)* tienen comida excelente.

▪ Se debe planear la ruta. Por ejemplo, empezar en el Musée de la Bataille de Normandie y acabar en Arromanches 360 *(ver p. 36)*.

▪ Tanto Normandy Sightsheeing Tours como D-Day Landing Tours organizan visitas guiadas *(ver p. 125)*.

Museos del Día D

Musée Memorial de la Bataille

1 Musée Memorial de la Bataille de Normandie
MAPA D3 ▪ Blvd Fabian-Ware, Bayeux ▪ 02 31 51 46 90 ▪ Horario: feb-dic: diario ▪ Se cobra entrada ▪ www.bayeuxmuseum.com

Este museo presenta una estupenda visión general de la batalla.

2 Overlord Museum
MAPA C3 ▪ Colleville-sur-Mer ▪ Horario: med feb-dic: diario ▪ Se cobra entrada ▪ www.overlordmuseum.com

Excelente colección de tanques y objetos de interés de los dos bandos.

3 Musée Airborne
MAPA B3 ▪ Ste-Mère-Eglise ▪ Horario: diario

Con forma de paracaídas, conmemora a los paracaidistas americanos que saltaron sobre la playa de Utah.

4 D-Day Experience
MAPA B3 ▪ Saint Côme du Mont ▪ 02 33 23 61 95 ▪ Horario: abr-sep: 9.30-19.00; oct-mar: 10.00-18.00 ▪ Se cobra entrada

Las principales atracciones son la chaqueta de vuelo de Eisenhower y un vuelo simulado en un avión Stoy Hora C47.

5 Musée des Épaves
MAPA C3 ▪ Lieu-dit Escures, Commes ▪ 02 31 21 17 06 ▪ Horario: jun-sep: diario ▪ Se cobra entrada

Fascinante colección de objetos rescatados de barcos hundidos.

6 Musée du Débarquement
MAPA D3 ▪ Arromanches ▪ Horario: feb-dic: diario ▪ Entrada

En el sitio original de Mulberry Harbour *(ver p. 35)*, rinde homenaje a los famosos puertos artificiales.

7 Arromanches 360
MAPA D3 ▪ Arromanches ▪ Horarios: feb-oct: diario: nov y dic: ma-do ▪ Se cobra entrada ▪ www.arromanches360.com

El Día D en un vídeo de 18 minutos.

8 Centre Juno Beach
MAPA D3 ▪ Courseulles-sur-Mer ▪ Horarios: feb-dic; diario ▪ Se cobra entrada

Está dedicado a la contribución canadiense al Desembarco de Normandía.

9 Musée Mémorial Pégasus
MAPA E3, D3 ▪ Ranville ▪ Horarios: feb-med dic: diario ▪ Se cobra entrada

Las exposiciones conmemoran el asalto de los planeadores británicos.

10 Musée du Débarquement d'Utah-Beach
MAPA B3 ▪ Ste-Marie du Mont ▪ Horarios: sep: 9.30-19.00; oct-ene y mar-abr: 10.00-18.00 ▪ Se cobra entrada

Cuenta el desembarco de la 4.ª División de EE.UU el 6 de junio de 1944.

Musée du Débarquement d'Utah-Beach

OPERACIÓN OVERLORD

La planificación, manufactura de armas y formación de soldados necesarias para la invasión de Normandía por parte de los Aliados en junio de 1944, llamada Operación Overlord, empezó a fraguarse en el invierno de 1943. El Día D iba a ser el 5 de junio, pero se retrasó 24 horas por el mal tiempo. Tanto las malas condiciones atmosféricas como el hecho de que el ataque se esperaba en otro lugar (en Pas-de-Calais, cerca de Bretaña) pillaron a los alemanes por sorpresa. Al alba, la enorme flota aliada llegó a las playas de la bahía del Sena, flanqueadas por las fuerzas aéreas. "Fue como si se hubieran dado cita allí todos los barcos y aviones que hubieran sido construidos", dijo un soldado británico. "La playa estaba repleta de los restos de la guerra y del orden de la batalla… Había muertos y heridos, pero también soldados que preparaban té".

Una vez que asentaron las cabezas de playa en Utah, Omaha, Gold, Juno y Sword, la penetración en Normandía fue irregular. Cherburgo cayó el 26 de junio, mientras que Caen resistió hasta el 9 de julio. El combate fue mal entre los setos de Le Bocage *(ver p. 104)*. El 21 de agosto, tras arrinconar a los alemanes en la batalla de Falaise-Mortain, se ganó la batalla de Normandía. París fue liberada el 25 de agosto.

TOP 10
DÍA D EN NÚMEROS

1 4.000 naves en la flota

2 5.800 aviones bombarderos

3 4.900 aviones de combate

4 153.000 tropas aliadas

5 20.000 vehículos

6 11.000 bajas en las fuerzas aliadas

7 2.500 muertos

8 Desembarcaron 2.052.299 soldados

9 3.098.259 toneladas de suministros

10 640.000 alemanes muertos, heridos o hechos prisioneros

Un avión sobre las playas de Normandía

Americanos de la 1.ª División de Infantería llegan a la playa de Omaha el 6 de junio de 1944. En la primera oleada del ataque murieron 2.400 hombres.

TOP 10 ⭐ Pays d'Auge

Jardines de perales y manzanos, granjas con techo de paja, mansiones de entramado de madera, sidra y queso que venden sus propios productores... Todo esto y más se encuentra en el Pays d'Auge. Esta región, que se extiende hacia el norte hasta La Côte Fleurie y que atraviesa el río Touques, concentra todos los encantos de Normandía. Lo más destacado son los pueblos, los *chateâux* y las abadías. Y por supuesto, el Museo del Camembert y la destilería de Calvados.

Lisieux ①

El pueblo principal de la zona está vinculado a santa Teresita, canonizada en 1925, que logró fama póstuma con su libro *Histoire d'une âme* (Historia de un alma). La Basilique Sainte-Thérèse **(derecha)** recibe más de dos millones de visitas al año, siendo el segundo mayor lugar de peregrinaje de Francia.

② Beuvron-en-Auge

Uno de los pueblos más encantadores y populares de la zona *(ver p. 98)*. Alrededor de la plaza mayor se arremolinan casas con vigas de madera y jardines de geranios **(arriba).**

③ Manoir de Coupesarte

Un pequeño desvío desde la D47 conduce a una de las mansiones más románticas de todo el Pays d'Auge. Pertenece a un particular, pero se puede visitar la granja y la construcción de madera del siglo XV.

④ Vimoutiers

Aquí hay una estatua dedicada a Marie Harel, la mujer considerada como inventora del Camembert en el tranquilo pueblo del mismo nombre *(ver p. 114)*. El Musée du Camembert cuenta su historia.

⑤ St-Pierre-sur-Dives

Esta población se articula en torno a una enorme y segura iglesia, que es lo único que queda de la rica abadía benedictina que en su día se alzó aquí *(ver p. 97)*. Fueron los monjes quienes construyeron el mercado de abastos del pueblo *(ver p. 76)*.

Mapa del Pays d'Auge

6 Château de Vendeuvre

Este elegante *château* del siglo XVIII **(arriba)** alberga un museo de muebles en miniatura *(ver p. 55)* y algunos jardines de agua encantadores.

7 Clermont-en-Auge

Hay que ir a St-Michel-de-Clermont, una capilla desde la que se ve todo el Pays d'Auge y las marismas que hay al otro lado.

8 Château de Crèvecoeur-en-Auge

Una rara oportunidad de ver el interior de una mansión fortificada y con foso del Pays d'Auge. Los antiguos edificios agrícolas albergan ahora un museo de la prospección petrolífera vinculado a la Fundación Schlumberger.

9 Distillerie Busnel, Cormeilles

En esta destilería se descubre cómo se hace el brandy de manzana Calvados y, por supuesto, se prueba.

10 Château St-Germain-de-Livet

Visitar este encantador *château* es como entrar en otro mundo. En el exterior hay torretas, torres, entramados de madera y ladrillos con elegantes grabados **(abajo)**, y en el interior hay muebles de roble, frescos del Renacimiento y parquet.

LA RUTA DE LA SIDRA

La Ruta de la Sidra, bien señalizada, conecta los principales pueblos productores de sidra del Pays d'Auge. A través de hermosas carreteras comarcales se ven pueblos encantadores como Cambremer, Bonnebosq y Beuvron-en-Auge. La ruta también pasa por más de 20 productores de sidra (reconocibles porque tienen el letrero "Cru de Cambremer") que ofrecen visitas guiadas y catas. Toda la información está en los panfletos de *routes touristiques* en cualquier oficina de turismo.

INFORMACIÓN ÚTIL

MAPA E3–4, F3–4
■ Office de Tourisme: 11 Rue d'Alençon, Lisieux; 02 31 48 18 10

Château de Vendeuvre: **MAPA E4;** abr-jun y sep: 14.00-18.00 diario; jul y ago 12.30-18.30 diario. Se cobra entrada. www.vendeuvre.com

Château de Crèvecoeur-en-Auge: MAPA E4; abr-jun y sep: 11.00-18.00 diario; jul y ago: 11.00-19.00 diario; oct 14.00-18.00 do. Se cobra entrada

Distillerie Busnel: **MAPA F3**; Cormeilles; 02 32 57 80 08; mar-med nov: 10.00-12.30 y 14.40-18.30 diario; med nov-dic: sá y do. Se cobra entrada. www.distillerie-busnel.fr

Château St-Germain-de-Livet: **MAPA F4;** abr-oct: 11.00-13.00 y 14.00-18.00 ma-do. Se cobra entrada

■ Es buena idea comer en Beuvron-en-Auge, con varios restaurantes como el Pavé d'Auge *(ver p. 74).*

■ Estos lugares de interés conforman una excelente visita circular que se puede hacer en coche.

TOP 10 ⭐ Fondation Claude Monet, Giverny

En 1883, mientras viajaba en tren de Vernon a Gasny, Monet vio Giverny desde la ventanilla. Fue amor a primera vista. Poco después, aquel mismo año, Monet se mudó aquí con Alice Hoschedé, con quien se casó en 1892. Aquí plantó un exquisito jardín que consideraba su obra maestra, un cuadro de deslumbrantes colores creados con la naturaleza. Tras su muerte, tanto la casa como el jardín se deterioraron, pero más tarde fueron restaurados gracias a la Académie des Beaux-Arts.

1 Jardín de agua
El asimétrico e icónico jardín de agua **(abajo)** es un lugar tranquilo donde contemplar la naturaleza en calma, en medio de una explosión de rododendros, sauces, nenúfares y más.

2 Estudio de nenúfares
Tras ver su vista deteriorada por las cataratas, Monet construyó este estudio amplio y luminoso entre 1914 y 1916 para poder trabajar en su famosa serie de nenúfares. Aquí se encuentra hoy la tienda.

3 Clos Normand
El jardín estilo francés de Monet es una celebración del color y del diseño botánico ordenado, lleno de plantas que florecen todo el año.

4 Casa Rosa
En esta encantadora casa de estuco, Monet recibía a artistas de la época como Cézanne, Renoir o Matisse.

5 Grabados japoneses
Los preciosos grabados en madera de Monet están expuestos por toda la casa, con una disposición creada por él mismo.

6 Puente japonés
Este famoso puente cubierto de glicina refleja el interés creciente de Monet en los grabados japoneses **(arriba).**

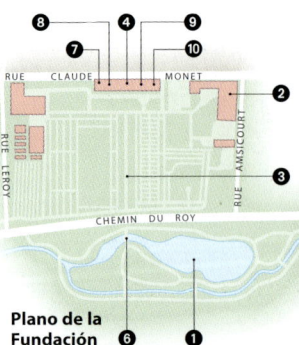

Plano de la Fundación

7 Estudio salón

Después de cenar, Monet solía retirarse a este estudio de muebles sencillos **(abajo)** para relajarse, fumar y repasar el trabajo de cada día.

8 Comedor

Es fácil imaginarse a Monet con Alice Hoschedé, sus hijos y algún amigo o artista de visita, todos sentados a la enorme mesa de esta estancia perfectamente restaurada, pintada en dos tonos de amarillo, con platos de cerámica coloreada y grabados japoneses en las paredes.

9 Dormitorio de Monet

La habitación en la que Monet durmió 43 años, y en la que murió, aún conserva la mayor parte de los muebles originales, incluyendo un escritorio de marquetería del siglo XVIII. Un detalle curioso: Monet guardaba en su dormitorio obras de los artistas que más admiraba, entre ellos Cézanne, Renoir, Manet, Pissarro y Rodin. Todas estas obras están hoy repartidas por todo el mundo.

10 Cocina

Poco parece haber cambiado en el último siglo en esta encantadora estancia **(arriba)**, una extensión construida por Monet, con baldosas en azul y blanco, un hermoso horno de hierro fundido, fregadero, suelo de terracota y ollas y sartenes de cobre bruñido.

INFORMACIÓN ÚTIL

MAPA K4 ■ 84 Rue Claude Monet, 27620 Giverny ■ 02 32 51 28 21 ■ www.fondation-monet.com

Horario abr-1 nov: 9.30-17.30 diario

Entrada: 11 €; estudiantes y niños entre 7 y 17 años, 6,50 €; visitantes con necesidades específicas, 5,50 €; gratis menores de 7 años

Musée des Impressionnismes: 99 Rue Claude Monet, 27620 Giverny; 02 32 51 94 65; abr-med nov: 10.00-18.00 diario, invierno: horario variable, consultar página web. Entrada: 11 €; estudiantes 8 €; gratis menores de 18 años; gratis primer do de mes; audioguías, 4 €; www.mdig.fr

■ Se puede tomar algo en el Restaurant Baudy *(81 Rue Claude Monet)*, o en el café del Musée des Impressionnismes.

■ No es obligatorio reservar con antelación, pero se recomienda.

Recorrido
Desde la entrada en la Rue Claude Monet se pasa a un anexo. Unas escaleras bajan al estudio de nenúfares. En el exterior está el Clos Normand. En la esquina sudoeste, un pasillo bajo tierra va hasta el jardín de agua y el puente japonés. Al entrar en la Casa Rosa se gira a la izquierda y se sigue el circuito desde el saloncito azul de lectura hasta el estudio salón, para después subir las escaleras a los dormitorios. Se acaba con el comedor y la cocina.

Musée des Impressionnismes, Giverny

Las enredaderas de la entrada

1 El museo
El antiguo Musée d'Art Américain fue reemplazado por un museo dedicado solo al movimiento impresionista, que creó excelentes obras en los siglos XIX y XX. El Musée d'Orsay de París es el principal museo asociado.

2 La colección
El museo tiene exposiciones temporales sobre el impresionismo. Hay una pequeña colección fija que muestra la influencia de Monet en otros artistas.

3 Pintores impresionistas
El museo explora el impacto artístico del movimiento impresionista en la 2.ª mitad del siglo XX, con obras de artistas de fama mundial y de otros menos conocidos.

4 El edificio
Con una terraza sobre la ladera de una colina y techos cubiertos de parras, el edificio lo diseñó Philippe Robert, que quería fundirlo con el entorno. El interior tiene tres amplias galerías de exposición y un auditorio para 200 personas en el que se dan conferencias.

5 Exposiciones
El museo organiza unas dos exposiciones anuales, en su mayor parte con obras cedidas tanto por el Musée d'Orsay como por parte de coleccionistas privados.

6 Jardines del museo
Diseñado por el arquitecto paisajístico Mark Rudkin, los parterres siguen una disposición monocromática, divididos en setos. En 2006 se concedió a estos jardines la distinción "Jardin Remarquable".

7 La Brasserie des Artistes
En este elegante café se pueden degustar *quiches,* ensaladas, pescado y carne a la parrilla. También hay salón de té, así como una hermosa terraza en el centro del jardín.

8 Las colinas de Giverny
En la parte trasera del museo se extiende un amplio prado que da a una colina repleta de amapolas, margaritas y acianos. Es el mismo paisaje que inspiró a Monet. Dar un paseo es una buena forma de sumergirse en la mentalidad impresionista.

9 Visitas guiadas
Se ofrecen audioguías y visitas guiadas en varios idiomas. También hay visitas individuales una vez al mes, solo en francés.

Visita guiada a una exposición

10 Conciertos y eventos
www.mdig.fr
De abril a octubre hay conciertos y otros eventos en el auditorio y en el jardín. Para más información, consultar la página web.

MONET Y EL IMPRESIONISMO

Claude Monet

Cuando Monet era niño lo animaban a pintar *en plein air* (al aire libre). Por ello, Monet consideraba que las técnicas establecidas para pintar en estudio no eran adecuadas para sus propósitos artísticos. Le fascinaban los efectos ilusorios que la luz del sol y el tiempo tenían sobre sus sujetos. Se esforzaba por "capturar el momento" con trazos rápidos y osados, y le preocupaba más el efecto que los detalles agudos y naturalistas; una técnica novedosa que no le granjeó acceso al Salón de París a pesar de su temprano éxito. Su cuadro *Impresión, sol naciente,* expuesto junto con otros artistas afines, llevó a un crítico a acuñar el término "impresionismo". Monet fue considerado el padre del estilo.

Haber descubierto Giverny coincidió con una etapa de energía y confianza renovada en sus cuadros. En los años que pasó en Giverny pintó algunas de sus obras más conocidas. Hasta entonces, su vida había estado lastrada por penurias económicas y tragedias. Sin embargo, en Giverny conoció la solvencia y el éxito por primera vez en mucho tiempo.

TOP 10
MOMENTOS EN LA VIDA DE MONET

1 1840: Nace el 14 de noviembre en París

2 1858: Eugène Boudin le descubre la pintura *en plein air*

3 1866: Disfruta de su primer éxito en el Salón

4 1870: Conoce al marchante de arte Paul Durant-Ruel

5 1871: Inicia la colección de grabados japoneses

6 1874: Participa en la primera exposición "impresionista" con Renoir, Sisley y otros artistas

7 1883: Descubre Giverny y se muda a la Casa Rosa

8 1892: Empieza a pintar las series sobre el jardín y sobre la catedral de Ruan. Se casa con Alice Hoschedé

9 1916: Comienza su famosa serie de *Nenúfares*

10 1926: Muere en Giverny el 6 de diciembre

Nenúfares, de Claude Monet

Lo mejor de Normandía

Interior de la Abbaye-aux-Hommes, Caen

🔟 Hitos históricos

El líder galo Vercingétorix se rinde ante Julio César

① 58-51 a. C.: Invasión romana

En el año 56 a. C., los romanos habían arrasado la región y conquistado a los pueblos galos celtas que la poblaban. Construyeron calzadas, viaductos y asentamientos fortificados, incluyendo Rotomagus (Ruan) y Augustodurum (Bayeux).

② 911: Tratado de St-Clair-sur-Epte

A principios del siglo X, el rey Carlos III se dio cuenta de que los vikingos, que habían invadido la zona en el año 800, no pensaban retirarse pacíficamente. Así pues, les cedió Ruan y el este de la región, con lo cual el líder vikingo Rollón se convirtió en el primer duque de Normandía.

③ 1066: Conquista normanda

Cuando Eduardo el Confesor murió sin dejar herederos, su primo Guillermo vio la oportunidad de reclamar para sí el trono de Inglaterra. A bordo de sus naves puso rumbo a las costas inglesas el 27 de septiembre de 1066. El 14 de octubre venció en Hastings y fue coronado rey de Inglaterra el día de Navidad.

④ 1204: Unificación de Normandía y Francia

Desde el ascenso al trono del rey Enrique II, rey de Inglaterra y duque de Normandía, los franceses habían intentado arrebatarle el control del ducado a Inglaterra. Lo consiguieron en 1204, cuando el rey Felipe II de Francia le quitó Normandía al rey Juan sin Tierra.

⑤ 1315: La carta de los normandos

Firmada por Luis X, esta carta le concedía autonomía provincial a la región, así como un tribunal soberano en Ruan y control sobre sus propios impuestos. A cambio se aumentaron drásticamente los impuestos locales hasta alcanzar un cuarto de los tributos del país.

La sangrienta batalla de Formingy

6 1450: Recuperación francesa de Normandía

En las postrimerías de la guerra de los Cien Años, los franceses vencieron a los arqueros ingleses usando armas de fuego y caballería pesada en la batalla de Formigny.

7 1789: Revuelta de Caen

Durante la Revolución francesa, Normandía estaba llena de reductos leales a la corona. Pero Caen se convirtió en un bastión del movimiento girondino (muchos eran de Gironda). Como los republicanos que asaltaron la Bastilla, los normandos demolieron la prisión de Ruan.

8 1940: Ocupación alemana

El 7 de junio de 1940, el ejército alemán entró en Forges-les-Eaux y, dos días más tarde, en Ruan. Ese fue el preludio de 4 años de ocupación, en los que se encarceló, torturó, deportó y ejecutó a muchas personas.

Tanques alemanes en la Ruan ocupada

9 1944: El Día D

En junio de 1944, las playas normandas fueron el objetivo de la Operación Overlord *(ver p. 37)*. El 20 de agosto, las fuerzas aliadas avanzaban hacia París por las colinas de Perche. Ruan fue liberada el 30 de agosto.

10 2024: 80 años del Día D

Para el 80.º aniversario del desembarco del Día D el 6 de junio de 2024 se han realizado diferentes actos conmemorativos durante todo el año, sobre todo en las playas del Día D.

TOP 10: PERSONAJES HISTÓRICOS

Charles de Gaulle

1 Clodoveo
El rey merovingio Clodoveo (465-511) fundó el estado francés tras derrotar a los romanos y unir a las tribus.

2 Rollón
Tras el Tratado de St-Clair-sur-Epte, el líder vikingo Hrølf (*c.* 854-928) adoptó el nombre de Rollón y se convirtió en el primer duque de Normandía.

3 Guillermo Espada Larga
El hijo guerrero de Rollón (*c.* 893-943) expandió los confines del ducado apoderándose del Cotentin y de la Mancha sur.

4 Guillermo el Conquistador
Guillermo (1027-1087), hijo ilegítimo de Roberto I el Magnífico, unió Normandía y conquistó Inglaterra.

5 Matilda
Mientras estaba fuera, Guillermo dejó Normandía en las hábiles manos de su esposa Matilda (*c.* 1031-1083).

6 Ricardo Corazón de León
Ricardo (1157-1199) se convirtió en duque de Normandía en 1189. En 1196 construyó el Château Gaillard para proteger Ruan.

7 Juana de Arco
Juana (1412-1431), una campesina, oía voces de ángeles que le pedían salvar Francia del dominio inglés *(ver p. 27)*.

8 Samuel de Champlain
El explorador Samuel de Champlain (1567-1635) fundó la ciudad de Quebec.

9 Charlotte Corday
Esta simpatizante girondina (1768-1793) asesinó a Jean Paul Marat mientras este se daba un baño.

10 Charles de Gaulle
Charles de Gaulle (1890-1970) desembarcó en la playa de Juno en junio de 1944 para recuperar Francia del yugo alemán.

TOP10 Artistas de Normandía

Pescadores de mejillones en Berneval,
de Pierre-Auguste Renoir

1 Pierre-Auguste Renoir

Amigo íntimo de Monet y también impresionista, Renoir (1841-1919) llegó a la costa de Normandía en 1879, el año en el que pintó el cuadro *Pescadores de mejillones en Berneval*. A partir de entonces, llegó a ser visitante asiduo de Giverny.

2 Claude Monet

El fundador y estandarte del impresionismo creció en El Havre.

Tras mudarse a París, visitaba regularmente Honfleur, Ruan, Étretat y Varengeville. En 1883 se estableció en Giverny *(ver pp. 40-43).*

3 Jean-François Millet

Hijo de un granjero de Gréville-Hague, Millet (1814-1875) trabajó como aprendiz en Cherburgo antes de mudarse a París, donde trabajó con Paul Delaroche. Más tarde se trasladó a Barbizon, donde se unió a la Escuela de Barbizon, comandada por Théodore Rousseau. Es famoso por sus descarnados cuadros que representan a labriegos.

4 Théodore Géricault

Nacido en una familia rica de Ruan, Géricault (1791-1824) conmocionó a sus coetáneos con el realismo y dramatismo de sus cuadros, como por ejemplo *La balsa de la Medusa.*

5 J. M. W. Turner

El mayor pintor paisajista inglés de su época, Turner (1775-1851) viajó con frecuencia a Dieppe, El Havre, Ruan y el estuario del Sena. Sus vibrantes acuarelas tuvieron gran influencia en el joven Monet.

Nenúfares, de **Claude Monet**

6 Jean-Baptiste Corot
Corot (1796-1875) fue un pintor paisajista que empezó a hacer retratos al final de su carrera. Étretat *(ver pp. 30-31)* le resultaba particularmente atractivo. Viajó a Étretat junto con Courbet en 1860 y 1870.

7 Gustave Courbet
Considerado el primer realista francés, Courbet (1819-1877) vivió una temporada en Trouville y viajó junto con Corot a Étretat. Sus paisajes tormentosos tuvieron una gran influencia en los impresionistas.

Figuras en la playa de Trouville, de Boudin

8 Eugène Boudin
Criado en Honfleur, Boudin (1824-1898) no necesitó ir muy lejos para pintar sus paisajes marinos. Defensor de la pintura al aire libre, práctica que le inculcó a Monet, su obra se centra en la luz y sus efectos en el sujeto de la pintura. Sus trazos sueltos son una de las señas de identidad del impresionismo.

9 Georges Braque
Braque (1882-1963) aprendió a pintar mientras trabajaba para su padre, que era decorador en El Havre. En un primer momento se vio atraído por el fovismo, pero su estilo se vio transformado tras un encuentro con Picasso. En sus últimos años pintaba paisajes locales y realizaba vidrieras en un estudio de Varengeville.

10 Raoul Dufy
Nacido en El Havre, Dufy (1877-1953) encontró su propio estilo tras algunos escarceos con el impresionismo y el fovismo.

TOP 10: CUADROS DE NORMANDÍA

Las espigadoras, de Millet

1 *Las espigadoras* (Millet)
Pintado en 1857. Expuesto en el Musée d'Orsay, París.

2 Serie de la Catedral de Ruan (Monet)
Pintada entre 1891 y 1895. Uno de los cuadros está expuesto en el Musée des Beaux-Arts, Ruan.

3 *Impresión, sol naciente* (Monet)
Pintado en El Havre en 1872. Expuesto en el Musée Marmottan, París.

4 Serie de los nenúfares (Monet)
Pintada entre 1899 y 1926. Varios de estos cuadros están expuestos en el Musée d'Orangerie, París.

5 *Acantilados de Étretat después de la tormenta* (Courbet)
Pintado en 1869. Expuesto en el Musée d'Orsay, París.

6 *El campo de trigo* (Dufy)
Pintado en 1935. Expuesto en el Musée Eugène Boudin, Honfleur.

7 *Figuras en la playa de Trouville* (Boudin)
Pintado en 1865. Expuesto en el Musée Eugène Boudin, Honfleur.

8 *El puerto exterior de Dieppe* (Pissarro)
Pintado en 1902. Expuesto en el Château-Musée de Dieppe.

9 *El mercado de pescado, Honfleur* (Dubourg)
Pintado en 1876. Expuesto en el Musée Eugène Boudin, Honfleur.

10 *Vista de la costa de Normandía* (Richard Parkes Bonington)
Pintado en 1823. Expuesto en el Louvre, París.

TOP 10 Escritores de Normandía

Gustave Flauvert

1 Gustave Flaubert

Flaubert pasó la mayor parte de sus 59 años de vida en Normandía. Los rincones y la gente de aquí impregnaban sus escritos. Nacido en Ruan en 1821, dejó los estudios de abogacía en París para mudarse a Croisset y vivir de la literatura hasta su muerte. Publicó su obra maestra, *Madame Bovary*, en 1857.

2 Guy de Maupassant

Nacido en Château de Miromesnil, cerca de Dieppe, pasó su infancia en Étretat. Su madre era amiga de la familia de Flaubert, quien apadrinó el debut literario de Maupassant. Su primera obra maestra fue *Bola de sebo*, publicada en 1880.

3 Marcel Proust

Proust nació en París en 1871 y murió en la misma ciudad en 1922. *En busca del tiempo perdido* está impregnado de recuerdos de Normandía, quizá de forma más notable en el Grand Hôtel de Cabourg *(ver p.33)*, a quien Proust puso el nombre de Balbec en su historia.

4 Pierre Corneille

El dramaturgo clásico Pierre Corneille (1606-1684) nació en Ruan. Sus obras *Le Cid, Horace, Cinna* y *Polyeucte* conforman el patrón de la tragedia francesa. Pero su obra maestra será la comedia *Le Menteur*. En sus obras se refleja la tensión entre la lealtad regional y nacional.

5 André Gide

Nacido en 1869, de padre hugonote y madre normanda, Gide pasó su infancia y buena parte de su vida en Normandía. Allí descubrió la realidad de la vida, primero como alcalde de una comuna y después como jurado en Ruan. Ganó el Nobel de literatura 4 años antes de su muerte en 1951.

6 Alain Chartier

Poeta y escritor político, Alain Chartier (*c.* 1390-1430) es famoso por *La belle dame sans merci*, un poema de amor cortesano. Nacido en una familia distinguida de Bayeux, escribió su primer poema conocido, *Livre des Quatre Dames*, tras perder Francia en la batalla de Agincourt en 1415.

Jules Barbey d'Aurevilly

7 Jules Barbey d'Aurevilly

Barbey (1808-1889) fue novelista, comentarista y, como buen admirador de Byron y Brummel, un dandi empedernido. Todavía era capaz de escandalizar a los 66 años, edad con la que publicó *Les Diaboliques*. Nacido en St. Saveur-le-Vicomte, pasó la infancia oyendo leyendas normandas que le contaba un sirviente de su familia.

8 Robert Wace

Lo poco que se sabe del poeta Robert Wace (*c.* 1115-1183) proviene de su última obra, *Roman de Rou*, una historia en verso de los duques de Normandía. Formado en Caen, escribió sus romances para la flor y nata de su región.

9 François Malherbe

El poeta clásico Malherbe (1555-1628) dejó su Caen natal para estudiar en París, Basilea y Heidelberg. Trabajó 10 años para Henri d'Angoulême (gran prior de Francia y gobernador de Provenza) antes de regresar. Se le convocó a la Corte en 1605, donde se convirtió en estricto árbitro del estilo literario francés.

François Malherbe

10 Jacques Prévert

Prevert (1900-1977) fue a Normandía en 1930 y se enamoró de ella. Después empezó a escribir poemas sobre la belleza, la inocencia, el amor y la desesperación. *Paroles,* su poemario más famoso, se publicó en 1945. En 1971, compró una casa en Omonville-la-Petite. En St-Germain-des-Vaux hay un jardín en su honor.

Jacques Prévert

🔟 Abadías normandas

El monasterio de Bec-Hellouin

① Le Bec-Hellouin

En 1304, un caballero de nombre Herluin trocó su caballo por un burro y fundó una congregación religiosa a orillas del río Risle. Unos ocho años después, a esta congregación se unieron dos famosos teólogos italianos, Lanfranco y Anselmo, y el monasterio *(ver p. 78)* se convirtió en el centro intelectual de Normandía. Durante la Revolución francesa se desmanteló para derruirlo después. Volvió a convertirse en un monasterio benedictino en 1948.

② Mont-Saint-Michel

Con su imponente ubicación en un promontorio rocoso de la bahía de St-Michel, esta famosa ciudad medieval amurallada *(ver pp. 12-15)* es uno de los lugares más turísticos de Francia.

③ Jumièges

Tras ser un centro de conocimiento durante más de 700 años, la monumental ciudad de Jumièges *(ver pp. 22-23)* empezó a ser una cantera tras la Revolución francesa. Hoy en día, sus enigmáticos restos se han convertido en uno de los atractivos imprescindibles de Normandía.

④ Abbaye-aux-Dames, Caen

MAPA D3 ■ Place Reine Mathilde

Al igual que Guillermo y Matilda, sus fundadores, la Abbaye-aux-Hommes y la Abbaye-aux-Dames (la primera que se construyó) son primas hermanas. Estos imponentes conventos, edificados para albergar a las novicias que venían de la aristocracia normanda, los diseñó Guillaume de la Tremblaye.

⑤ St-Wandrille

La abadía *(ver p. 88)*, fundada en el 649 y reconstruida en el siglo X tras haber sido destruida por los vikingos, se convirtió en un centro intelectual. Obviamente se clausuró a causa de la Revolución francesa, pero en 1931 recuperó la actividad como monasterio benedictino.

⑥ La Trinité, Fécamp

Esta iglesia *(ver p. 86)* alberga una reliquia de la Santa Sangre de Cristo, que aparentemente apareció en las costas normandas en el siglo I. La abadía, que se erigió entre los siglos XII y XIII, es un atractivo para muchos peregrinos. La reliquia, la Précieux Sang, se sigue venerando hoy en día.

El imponente Mont-Saint-Michel

St-Georges, St-Martin-de-Boscherville

En 1114, Guillermo de Tancarville fundó una congregación de monjes que se instalaron en esta hermosa edificación del románico normando, que pasó a ser su abadía *(ver p. 88)*.

 ### Abbaye-aux-Hommes, Caen

Lanfranco fue el primer abad de esta abadía *(ver p. 97)*, que fundó y consagró el propio Guillermo el Conquistador en 1077. Una década después, Guillermo fue enterrado, sin ninguna ceremonia, en la abadía de St-Etienne.

Abbaye-aux-Hommes

Hambye

El señor feudal Guillaume Paynel fundó la abadía *(ver p. 104)* en 1145. Su congregación siempre fue pequeña y, con los años, se vio abocada al declive hasta que se declaró extinta en 1748. En el siglo XIX, la piedra de la construcción se extrajo como material de cantería, y no fue hasta el siglo XX cuando los restos se preservaron de un mayor deterioro.

 ### La Trappe
MAPA F5 ■ Soligny-la-Trappe

La Trappe, fundado en 1140, es uno de los monasterios cistercienses que adoptaron la observancia estricta -silencio, oración, abstinencia, trabajo manual- que promulgó el abad de Rancé en 1660. A raíz de ello comenzaron a llamarse monasterios trapenses. Hay otro más al noroeste, en la ciudad de Briquebec.

TOP 10: FIGURAS RELIGIOSAS

Abad de Rancé

1 Abad de Rancé
Un noble que renunció a su antigua vida y fundó la orden trapense en 1664.

2 San Filiberto
Gascón favorito de la Corte y protegido de san Ouen, Filiberto fundó Jumièges en el siglo VII.

3 San Wandregisilo
Fundador de la abadía con su nombre en el año 649. Su imponente físico le valió el nombre de Verdadero Atleta de Dios.

4 San Auberto
Obispo de Avranches, a quien cuenta la leyenda que se le apareció el arcángel Gabriel en el año 708 y le ordenó que erigiera una capilla en el Mont-St-Michel.

5 Lanfranco
Monje italiano docto en leyes (1005-1089). Se convirtió en arzobispo de Canterbury con Guillermo el Conquistador.

6 San Anselmo
Monje y filósofo (1033-1109) que se unió a la congregación de Lanfranco en Bec y lo sucedió como arzobispo de Canterbury.

7 Juana de Arco
Adolescente y soldado (1412-1431), defendió Francia contra los ingleses. Fue capturada y quemada viva en la hoguera. La canonizaron en 1920.

8 Guillaume de la Tremblaye
Monje benedictino de Bec. Maestro arquitecto y escultor (1644-1715).

9 San Ouen
A él se debe la revitalización del fervor cristiano en la región de Ruan, gracias a lo cual surgieron varias abadías.

10 Santa Teresita
Una novicia muy espiritual (1873-1897) cuyos restos, en Lisieux, se veneran.

TOP10 Museos y galerías

1 La Cité de la Mer, Cherburgo

MAPA B2 ▪ Gare Maritime Transatlantique, Cherburgo ▪ Horario: feb-jun y sep-dic: 9.30-18.00 diario; jul-ago: 9.30-19.00 diario. Reservas *online* ▪ Cerrado ene y lu de nov y dic ▪ Se cobra entrada ▪ www.citedelamer.com

Esta antigua estación marítima tiene uno de los acuarios a mayor profundidad de Europa. Su exposición sobre el *Titanic* incluye réplicas del interior del barco. También permite explorar un antiguo submarino nuclear. El visitante se adentra en las maravillas del mundo submarino y en los logros que el ser humano ha cosechado en este medio.

Vida marina en la Cité de la Mer

2 Le Mémorial de Caen

MAPA D3 ▪ Esplanade General Eisenhower ▪ Horario: feb-ago: horario variable, consultar página web; sep y oct: 9.30-18.00 diario; nov y dic: 9.30-18.00 ma-do ▪ Cerrado ene ▪ Se cobra entrada ▪ www.memorial-caen.fr

Un emocionante museo que invita a la reflexión y al recuerdo. El memorial ofrece al visitante un recorrido por las causas y las consecuencias de la Segunda Guerra Mundial y la posterior Guerra Fría, sirviéndose de técnicas interactivas y audiovisuales.

3 Musée des Impressionnismes, Giverny

Este museo (ver p. 42) pretende explorar la influencia internacional del impresionismo.

4 Musée des Beaux-Arts et de la Dentelle, Alençon

MAPA E6 ▪ Cour Carrée de la Dentelle, Alençon ▪ Horario: 11.00-18.00 ma-vi, 11.00-19.00 sá y do ▪ Se cobra entrada

En 1665, los artesanos del encaje de Alençon recibieron el encargo de elaborar encajes de tanta calidad y popularidad como los de Venecia. Lo consiguieron e incluso llegaron a inventarse una ténica nueva y mejorada que hizo que el encaje de Alençon alcanzara la excelencia. La demanda bajó en el siglo XX. En este museo se repasa toda la historia y se muestran exquisitos ejemplares.

⑤ Musée des Beaux-Arts, Ruan

El estudio de Monet de la catedral de Ruan y *El mercado del muelle de Ruan* de Corot son dos de las obras más destacables de este museo *(ver p. 26)*. Tiene una buena colección de antiguos maestros, así como de impresionistas.

⑥ Musée Eugène Boudin, Honfleur

Este atractivo museo homenajea la gran herencia artística de Honfleur *(ver p. 20)*, que cuenta con obras del propio Boudin así como de Monet.

⑦ MuMa, El Havre

MAPA E2 ▪ 2 Blvd Clemenceau, Le Havre ▪ Horario: 11.00-18.00 ma-vi; 11.00 a 19.00 sá y do ▪ Se cobra entrada ▪ www.muma-lehavre.fr

Este innovador edificio de vidrio y metal ofrece vistas al puerto a través de una monumental escultura de cemento conocida como El Ojo. El MuMa (Musée d'art Moderne André Malraux) recoge cinco siglos de historia del arte y alberga la segunda mayor colección impresionista de Francia.

⑧ Musée des Beaux-Arts, Caen

MAPA D3 ▪ Le Château ▪ Horario: 9.30-12.30 y 13.30-18.00 ma-vi (jul y ago: también lu), 11.00-18.00 sá-do. Cerrado festivos ▪ Se cobra entrada ▪ www.mba.caen.fr

Magnífica colección de pintura europea de los siglos XV al XX en el castillo de Guillermo el Conquistador. Destaca *El desposorio de la Virgen* de Perugino.

⑨ Musée du Mobilier Miniature, Vendeuvre

Esta colección de miniaturas de mobiliario de los siglos XVI y XIX *(ver p. 39)* muestra la artesanía más meticulosa.

Sala del Musée du Mobilier Miniature

⑩ Tapiz de Bayeux

Este preciado tesoro normando, bordado en el año 1077 *(ver pp. 16-17)* narra, con muchísimo detalle, la historia del duque Guillermo, conquistador de Inglaterra. Las galerías que preceden al tapiz hacen que la historia cobre vida. Los 70 m que se conservan están protegidos por una vitrina.

Detalle del famoso tapiz de Bayeux, de 70 metros de longitud

🔟 Pueblos

La histórica bahía de Barfleur bordeada de casas de granito

1 Barfleur

La larga tradición pesquera de Normandía queda patente en el hermoso puerto de Barfleur *(ver p. 107)*. Los barquitos pesqueros, pintados de vivos colores, se apiñan en el puerto, al pie de imponentes casas de granito.

2 St-Fraimbault
MAPA D6

Auténtico *village fleuri*, todas las primaveras más de 1.000 flores lo visten de colores, en una competición en la que sus habitantes se esfuerzan por superarse. La fiesta acaba en un festival a mediados de agosto.

3 Lyons-la-Forêt

Lyons-la-Fôret *(ver p. 87)* lo compone un fascinante popurrí de edificios con entramado de madera de entre los siglos XVI y XVIII, entre la vegetación del Fôret de Lyons *(ver p. 63)*. Aparece en las versiones de *Madame Bovary* filmadas en 1934 por Jean Renoir y en 1991 por Claude Chabrol. La influencia de la novela es más que tangible en la zona.

4 Beuvron-en-Auge

Beuvron-en-Auge *(ver p.98)* tiene todo el encanto del Pays d'Auge *(ver pp. 38-39)*. Las casas de floridos porches están decoradas con rayas y entramados de madera. En la parte sur de la plaza central está la Vieux Manoir, del s. XV, decorada con intrincadas tallas de madera.

5 Putot-en-Auge
MAPA E3

Este pueblo del Pays d'Auge tiene poco más que una iglesia (con un bonito pórtico románico y un cementerio donde están los restos de los soldados aliados), una casa señorial y un pequeño ayuntamiento de ladrillo, pero engloba todas las delicias rurales de la región. La localidad de Criqueville-en-Auge, muy cerca, también merece la pena, sobre todo por su casa señorial del siglo XVI.

6 Montville
MAPA G2

Ubicado en la horquilla entre dos ríos, el Clérette y el Caily, Montville es famoso por sus decoraciones florales y por sus bombas de agua. *Village fleuri*, entre sus atractivos hay un hermoso lago, un parque con un haya de más de 300 años de antigüedad y el Musée des

El pintoresco Lyons-la-Fôret

Sapeurs-Pompiers (Museo de los Bomberos), un sitio fascinante lleno de bombas de agua manuales y relucientes camiones de bomberos, que recorre la historia de las brigadas de bomberos francesas desde principios del siglo XVIII a la actualidad.

7 Le Bec-Hellouin
MAPA G3

La quintaesencia de los pueblos normandos se ubica entre campos de cultivo y manzanares. Le Bec-Hellouin toma su nombre del arroyo que discurre junto a la población y del caballero normando Herluin, fundador de la imponente abadía benedictina del siglo XI. El entramado de madera de las casas suma encanto al entorno.

8 St-Valéry-en-Caux
MAPA G1

Este pueblecito pesquero es un centro turístico ideal desde donde explorar la Côte d'Albâtre *(ver p. 86)*, donde la plácida campiña del Pays de Caux encuentra las playas y los pesqueros. También alberga la casa de Enrique IV, construcción renacentista con entramados de madera, en el muelle.

9 Allouville-Bellefosse
MAPA G2

La atracción más famosa del pueblo es un imponente roble cuya antigüedad ronda los 1.300 años. En el interior de su inmenso tronco hay un santuario y una celda de ermitaño que construyó un párroco en 1696. Cerca, en la campiña, está el Musée de la Nature, que se centra en el paisaje, la flora y la fauna locales.

El vetusto roble de Allouville-Bellefosse

10 St-Céneri-le-Gérei

Este encantador pueblecito *(ver p. 114)* se halla en un marco incomparable. En lo alto se alza una iglesia románica, y las casitas de piedra dan al plácido río Sarthe, que discurre entre los promontorios rocosos al pie de los Alpes Mancelles.

Páginas siguientes Casas típicas con entramado de madera de Le Bec-Hellouin

TOP 10 Parajes naturales

Río de la Suiza normanda

1 La Suiza normanda

Esta región *(ver p. 95)* de suaves colinas, acantilados rocosos, bosques y pueblos con encanto, que se ubica en torno al río Orne, no guarda gran parecido con Suiza, pero aun así atrae a turistas y montañeros. La capital, Clécy *(ver p. 98)*, invita a ser explorada. Entre sus mayores atractivos se encuentran la escalada, navegar en canoa y la práctica del ala delta.

2 Pays d'Auge

Al evocar Normandía, la mayoría de los viajeros piensa en manzanares, casas solariegas, verdes praderas donde pastan vacas y casas con entramados de madera. Son los elementos característicos del Pays d'Auge *(ver pp. 38-39)*, el interior de la Côte Fleurie, patria de la sidra, el Calvados y algunos de los quesos franceses más famosos, como por ejemplo el camembert. Algunos atractivos menos conocidos son la basílica de Santa Teresita, su larga tradición de cría equina y el *teurgoule*, una variedad de arroz con leche.

3 Parc Naturel Régional de Normandie-Maine

El parque natural más grande de la región *(ver p. 112)* abarca 2.350 km² que se extienden por las regiones de Loira y Baja Normandía. Entre sus paisajes hay profusos bosques y colinas bajas, pantanos y praderas. Promueve las costumbres locales.

4 Parc Naturel Régional des Boucles de la Seine Normande

MAPA G2 ■ Maison du Parc: Notre-Dame-de-Bliquetuit ■ 02 35 37 23 16

Este parque, entre Ruan y El Havre, antiguamente se conocía como Parc Naturel Régional de Brotonne. En él bosques (Brotonne es el más conocido), praderas y los humedales de Marais Vernier. De aquí parte también la Route des Fruites, una pintoresca senda de 30 kilómetros que discurre entre cultivos de manzanos, perales, cerezos y ciruelos.

5 Pays d'Ouche

MAPA F5

Viajando de norte a sur, el paisaje se transforma, pasando de la boscosa Eure al intenso verdor de las praderas de Orne. El Pays d'Ouche, que abarca ambas regiones, goza de profusión de arroyos, ríos y lagos, lo que lo convierte en un paraíso para los aficionados a la pesca fluvial con caña.

6 Pays de Caux

MAPA G1-G2, H1-H2

Esta inmensa meseta calcárea se extiende desde los imponentes acantilados blancos de la Côte d'Albâtre y

Côte d'Albâtre, Pays de Caux

la bordean los fértiles valles del Sena y el Bresle, lo que la convierte en una de las mejores zonas del país para el cultivo agrícola. Por los enormes portalones de piedra que salpican toda la región se entrevén granjas tradicionales con entramado de madera y campos de manzanos.

7 Parc Naturel Régional des Marais du Cotentin et du Bessin

MAPA B3 ▪ Maison du Parc: Les Ponts d'Ouve, St Côme du Mont ▪ 02 33 71 65 30

Los humedales que caracterizan este parque se extienden a lo largo de los más de 1.250 km², que van de Les Veys a Lessay. En los pantanos orientales hay un gran número de aves migratorias y pequeños mamíferos, que se pueden avistar y estudiar desde los varios refugios repartidos por el parque.

8 Pays de Bocage

MAPA C4

Esta franja de campiña profundamente pintoresca se extiende desde el sur de Cotentin hasta el sudoeste de Calvados, y es una de las zonas preferidas por los senderistas. La compone una mezcolanza de praderas salpicadas de bosques, ríos, pueblecitos con encanto y arrayanes.

Parc Naturel Régional du Perche

9 Parc Naturel Régional du Perche

MAPA G6 ▪ Para más información: Manoir de Courboyer, Nocé ▪ www.parc-naturel-perche.fr

Entre las llanuras de Beauce y el Pays de Bocage, este parque, de 1.820 km², se creó en 1998. Las zonas más altas son boscosas, y en las llanuras hay cultivos frutales y arrayanes. El paisaje está lleno de castillos y mansiones.

10 Pays de Bray

MAPA H2

Esta zona, que va por una falla geológica denominada *boutonnière* (agujero de botón), es la menos poblada de Normandía. Por aquí corren los ríos Béthune, Andelle y Epte, que riegan las fértiles praderas.

TOP10 Bosques

Reflejos en el agua del Étang de la Herse, bosque de Bellême

① Forêt de Bellême
MAPA F6

Este bosque está salpicado de estanques, como el Étang de la Herse. De los magníficos robles que tiene, el más famoso es el Chêne de l'Ecole, con 40 m de altura y 300 años.

② Forêt de Réno-Valdieu
MAPA F6 y G6

Por el sendero que lo recorre se puede ir a pie o en bicicleta, y así se ve una imponente hilera de inmensos robles que superan los 40 m de altura. Son del siglo XVII, y al igual que las hayas, se plantaron como suministro de madera para barcos.

③ Forêt d'Eawy
MAPA H2

Aunque Eawy (que se pronuncia Eaví) significa prado, este es un imponente hayedo que abarca 72 km² de terreno bastante abrupto. Antiguamente se trataba de un robledal, pero los robles se talaron para edificar viviendas tras la guerra de los Cien Años. Siguiendo el Chemin des Écoliers se pueden apreciar otras especies de árboles.

El imponente Fôret d'Écouves

④ Forêt d'Écouves
MAPA E6

Es el bosque más grande y hermoso de la región. Abarca 140 km² de robles, hayas, píceas (especie foránea) y pino silvestre. Entre su fauna hay muchas especies de aves muy poco comunes, ciervos y jabalíes. El bosque alberga también una capilla del siglo XII sita en la Lande-de-Goult, famosa por sus chapiteles esculpidos.

5 Forêt de Brotonne
MAPA G2

Este robledal de altísimos ejemplares es el núcleo del Parc Naturel Régional Boucles de la Seine Normande *(ver p. 60)*. Desde el puente de Brotonne *(ver p. 87)* las vistas son espectaculares. En él habitan ciervos, jabalíes y liebres, y en primavera el lecho del bosque se cubre de campanillas azules.

6 Forêt d'Eu
MAPA H1

Este hayedo, que convive con más especies, abarca tres grandes mesetas: Triage Fôret d'Eu, Haute Fôret d'Eu y Basse Fôret d'Eu. Tiene unas impactantes vistas del valle Yères desde Poteau de Ste-Cathèrine, y alberga un par de *bonne ententes* (parejitas felices), como se denomina al entreverado de un haya con un roble.

7 Forêt du Perche et de la Trappe
MAPA F5

Desde la D603, que separa estos dos bosques que a menudo se confunden con uno solo, se ven los característicos lagos entre los troncos. Una ruta de senderismo por estos terrenos puede acabar en una fructífera búsqueda de setas, ya que entre los helechos del suelo crecen hongos blancos y rebozuelos. La Abbaye de la Trappe *(ver p. 53)*, hogar de unos monjes cistercienses, es imprescindible.

8 Forêt de Roumare
MAPA G3

Junto con los bosques de Rouvray, Verte y La Londe, el de Roumare conforma una corona de unos 140 km^2 alrededor de Ruan. En el Parc Animalier (reserva de fauna) se pueden avistar corzos, jabalíes salvajes y gamos. En la ruta de senderismo del cercano Petit Charme Arboretum se ven diferentes especies de árboles.

9 Forêt de Lyons
MAPA H3 y J3

Este terreno, de 100 km^2, era el coto de caza favorito de los reyes merovingios. Es un lugar ideal para

Abbaye de Mortemer, Forêt de Lyons

senderistas. Además del pueblo de Lyons-la-Fôret *(ver p. 87)*, cerca hay dos castillos y las ruinas de la abadía de Mortemer.

10 Forêt des Andaines
MAPA D5

En este bosque que rodea Bagnoles-de-L'Orne se pueden avistar ciervos, pero lo que sin duda verá el visitante son diferentes especies de árboles, como alerces japoneses y canadienses. Hay que intentar visitar el priorato consagrado a san Ortaire y la torre de observación de Bonvouloir.

Torre de Bonvouloir, Fôret des Andaines

TOP 10 Parques y jardines

1 Château de Canon

MAPA E4 ▪ Mézidon-Canon ▪ Horario: abr-oct: 14.00-18.00 sá-do; may, jun y sep: 14.00-19.00 mi-lu; jul y ago: 10.30-19.00 diario ▪ Se cobra entrada ▪ www.chateaudecanon.com

El mayor atractivo de este parque anglofrancés del siglo XVIII son los Chartreuses, unos floridos jardines vallados. También el castillo de reminiscencia italiana, las estatuas, el lago, un templo y una pagoda chinos.

Cisnes en el Château de Canon

2 Le Jardin Intérieur à Ciel Ouvert

MAPA D5 ▪ Rue du Capitaine Martin, Athis-Val de Rouvre ▪ Horarios variables, consultar página web ▪ Se cobra entrada ▪ www.jardin-interieuracielouvert.com

El apaciguador sonido de las fuentes y las corrientes de agua compone la banda sonora de estos pintorescos jardines diseñados por los escultores Dominique y Benoit Delomez.

3 Jardins de Bellevue

MAPA H2 ▪ Beaumont-le-Hareng ▪ 06 17 95 34 21 ▪ Horario: med feb-med dic: 10.00-18.00 ma-do (jul y ago: diario) ▪ Se cobra entrada

Estos jardines, que dan al bosque de Eawy *(ver p. 62)* albergan dos colecciones de flores nacionales: una de *Mecanopsis* (amapola azul del Himalaya) y otra de *Helleborus Orientalis* (rosa de Lenten).

4 Parc de Clères

MAPA G2 ▪ Clères ▪ Horario: mar-sep y oct: 10.00-18.30 diario; abr-ago: 9.30-19.00 diario; nov: 10.00-17.30 diario ▪ Se cobra entrada ▪ www.parcdecleres.net

Este parque ajardinado rodea el castillo renacentista de Clères. Lo concibió Jean Delacour en 1920, y en sus instalaciones habitan flamencos y patos.

5 Jardin Agapanthe

MAPA H2 ▪ Grigneuseville ▪ Horarios variables, consultar página web ▪ Se cobra entrada ▪ www.jardin-agapanthe.fr

Por entre la densa vegetación de este parque discurren senderos, puentes y escalinatas. Entre sus atractivos se cuentan también una pérgola y una mezcla de especies

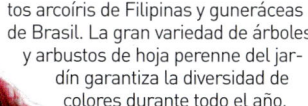

arbóreas, flores y arbustos ornamentales.

⑥ Jardin des Plantes, Ruan

MAPA G3 ▪ 114 Ave Martyrs de la Résistance ▪ Horario: 8.00-18.45 diario (jul y ago: hasta 20.15; nov-feb: hasta 17.30)

Estos jardines municipales albergan una gran colección de especies botánicas, entre ellas parterres, raras especies de árboles, invernaderos, una *orangerie,* una rosaleda, una rocalla y plantas medicinales.

Orquídea, Jardin des Plantes, Ruan

tos arcoíris de Filipinas y guneráceas de Brasil. La gran variedad de árboles y arbustos de hoja perenne del jardín garantiza la diversidad de colores durante todo el año.

⑧ Jardin d'Elle

MAPA C4 ▪ Villiers-Fossard ▪ Horario: mar-nov: 9.00-12.00 y 14.00-18.30 lu-sá, 14.00-18.30 do ▪ Se cobra entrada ▪ www.delle-normandie.com

En este diseño paisajístico moderno, compuesto por un laberinto de zonas temáticas, se aúnan más de 2.500 variedades de plantas y árboles.

Jardin des Plantes, Ruan

⑦ Jardin Botanique de Vauville

MAPA A2 ▪ Vauville ▪ 02 33 10 00 00 ▪ Horario: abr-sep: 14.00-18.00 todos los días (jul y ago: hasta 19.00); oct: 14.00-17.00 sá y do ▪ Se cobra entrada ▪ www.jardin-vauville.fr

Este extraordinario jardín, que rodea el castillo medieval de Vauville, alberga más de 900 especies de plantas y árboles del hemisferio sur, incluidos helechos reales de Tasmania, eucalip-

⑨ Le Jardin Plume

MAPA H3 ▪ Auzouville sur Ry ▪ 02 35 23 00 01 ▪ Horario: 15 may-15 oct: 10.00-12.00 y 14.00-18.00 mi-sá, 14.00-18.00 ma, vi y do ▪ Se cobra entrada ▪ www.lejardinplume.com

Este jardín contemporáneo en un huerto típico normando juega al contraste con sus parterres de diseños geométricos, divididos por franjas de hierbas altas y rebosante de asterias y anémonas japonesas.

⑩ Château de Brécy

MAPA D3 ▪ St-Gabriel-Brécy ▪ Horario: Semana Santa-oct: 14.30-18.30 ma, ju y do(sá en jun) ▪ Se cobra entrada

Una verja de hierro forjado ostenta las iniciales de los Brécy, propietarios de la mansión en el siglo XVII. Se cree que el paisajista fue François Mansart.

Vista aérea del Château de Brécy

TOP 10 Balnearios y zonas de ocio

1 Forges-les-Eaux
MAPA H2

La señorial localidad de Forges-les-Eaux se puso de moda como ciudad balneario en 1633 tras recibir la visita de una regia tríada: Luis XIII, Ana de Austria, y el cardenal Richelieu. Hoy, el balneario y el casino, construidos en los años 1950, funcionan como complejos de lujo y bienestar.

El viento azota Barneville-Plage

2 Barneville-Plage
Espectaculares playas de arena, con dunas moldeadas por los fuertes vientos que se extienden por la costa occidental de la península de Cotentin, frente a las islas del Canal. En Barneville-Plage *(ver p. 106)*, entre Portbail y Barneville-Carteret, la costa es lo suficientemente tranquila como para plantear unas vacaciones en familia.

3 Courseulles-sur-Mer
MAPA D3

Además de la Côte de Nacre, cuya mejor playa es Juno, donde los monumentos del Desembarco de Normandía *(ver pp 34-37)* conviven con atractivos de la costa actuales, Coursuelles tiene un puerto deportivo de dimensiones considerables, aunque los edificios lo eclipsen bastante. La oficina de turismo organiza visitas guiadas por el escenario del Día D a pie, en bicicleta y en vehículos de vela.

4 Bagnoles-de-l'Orne
Dice la leyenda que el señor feudal Hugues de Tessé abandonó a su corcel, Rapide, en el bosque para que muriera de viejo, pero el animal volvió trotando con excelente salud. El amo vio que la causa de tan milagrosa recuperación era un manantial donde se bañó él mismo, y también rejuveneció. Hoy, esta plácida ciudad balneario *(ver p. 112)* atrae a miles de turistas a su Établissement Thermal, muy efectivo para combatir reumatismos y problemas circulatorios.

5 Deauville y La Côte Fleurie
Los centros turísticos de Villerville, Trouville, Deauville, Villers-sur-Mer, Houlgate y Cabourg son un reclamo para los amantes del sol, pues están

en la imponente costa que va de Honfleur a Cabourg, con playas de arena donde practicar deportes acuáticos. También se puede gastar dinero en alguno de los muchos casinos. Cada centro tiene un carácter propio, aunque el más lujoso es, sin duda, el de Deauville *(ver pp. 32-33)*.

Cala en Étretat

6 Étretat

La encantadora y elegante localidad de Étretat *(ver pp. 30-31)* es la más atractiva de la Côte d'Albâtre por varios motivos: la playa de guijarros y las calas ubicadas entre los famosos cabos calizos, las Falaises d'Aval y d'Amont, los senderos que discurren por sus acantilados y el Parc de Loisirs des Roches. En el siglo XIX muchos escritores y artistas lo eligieron como destino de vacaciones.

7 Granville

Granville *(ver p. 105)* tiene dos caras muy distintas entre sí: la del sobrio pueblo de casas de granito apostado en lo alto de la colina, y las de las atracciones marítimas

y costeras al borde del mar. Se hizo famoso a partir del siglo XIX. Entre sus mayores atractivos actuales están un centro de talasoterapia, el Aquarium du Roc y un animado casino.

8 Luc-sur-Mer
MAPA D3

La talasoterapia (tratamientos con agua de mar) es la especialidad de los balnearios normandos. En el de Luc-sur-Mer se usan extractos de algas pardas. También hay un *hammam* de agua marina. Los niños disfrutan viendo el esqueleto de más de 19 m de largo de la ballena varada expuesta en uno de los parques.

9 Riva-Bella
Plano E3

Los habitantes de Caen, a orillas del río Orne, están muy orgullosos de estar conectados con el mar, y en la desembocadura del río disfrutan de una especie de "Caen-sur-Mer": el puerto de Ouistreham, para ferris y yates deportivos, y el animado centro de Riva-Bella, con una magnífica playa de arena y una arteria central, rue de la Mer, rebosante de vida.

10 Agon-Coutainville
MAPA B4

Este centro de la costa occidental, que abarca una magnífica playa de arena de 8 km de longitud, es el sitio favorito de los vecinos de Coutances. Por la tarde se puede disfrutar de un paseo por la Pointe d'Agon, donde las vistas del mar son impresionantes.

El pueblo y el puerto de Granville

TOP 10 Normandía para niños

1 Parc Zoologique Cerza

MAPA F4 ▪ Hermival-les-Vaux ▪ 02 31 62 17 22 ▪ Horario: feb, mar, oct y nov: 10.00-17.30 diario; abr-jun y sep: 9.30-18.30 lu-do; jul y ago: 9.30-19.00 diario ▪ Se cobra entrada ▪ www.cerza.com

Más de 50 hectáreas destinadas a proporcionar un entorno natural para especies africanas y en peligro de extinción, entre las que se cuentan tigres y lémures. También tiene un programa pionero de cría de especies en peligro.

Jirafas, Parc Zoologique Cerza

2 Vélo Rail Experience

MAPA D4-D5 ▪ Entre Caen y Condé-sur-Noireau ▪ 02 31 69 39 30 ▪ Horarios variables, consultar página web ▪ Se cobra entrada ▪ www.rails-collinesnormandes.fr

Trenes impulsados a pedales y espectaculares paisajes que van por las vías de ferrocarril que surcan los valles de los ríos Orne y Noireau.

3 Parc de Loisirs L'Ange Michel

MAPA C6 ▪ St-Martin-de-Landelles ▪ Horario: 15 abr-15 jun y sep: 11.00-18.00 sá-do; 15 jun-ago: 10.30-18.30 diario ▪ Se cobra entrada ▪ www.angemichel.com

Karts eléctricos, *aqua-splash* (toboganes con flotador), trineos de secano y muchas otras atracciones para que los niños se diviertan durante horas.

4 Étretat Aventure

MAPA F2 ▪ Les Loges ▪ Horario: jul y ago: 11.00–19.00 diario (resto del año, horarios variables) ▪ Se cobra entrada ▪ www.etretat-aventure.fr

5 emocionantes recorridos por las copas de los árboles en este bosque próximo a Étretat, con diferentes grados de dificultad, algunos aptos para niños a partir de 3 años.

5 Village Enchanté

MAPA C5 ▪ Bellefontaine ▪ 06 69 41 83 07 ▪ Horario: abr-sep: horario variable, consultar página web ▪ Se cobra entrada ▪ www.village-enchante.fr

Los menores de 12 años disfrutan de senderos encantados, castillos hinchables y paseos en poni, mientras que los mayores tienen atracciones como tirolinas o karts eléctricos.

6 Parc Zoologique de Champrépus

MAPA B5 ▪ 493 Rue Saint-Gaud, Champrépus ▪ Horarios variables, consultar página web ▪ Se cobra entrada ▪ www.zoo-champrepus.com

Este zoológico quiere replicar lo mejor posible el entorno natural de unas 60 especies diferentes de animales, entre los que está el tigre de Sumatra.

7 Le monde Miniature

MAPA D4 ▪ Clécy ▪ Horarios variables, consultar página web ▪ Se cobra entrada ▪ www.lemondeminiature.com

Aquí está una de las maquetas de ferrocarril más grandes de Europa, y se puede montar después en un tren en miniatura.

Le monde Miniature

La montaña rusa de Festyland

⑧ Festyland

MAPA D3 ■ Caen-Carpiquet
■ Horario abr-jun y vacaciones escolares:
11.00-18.00 sá, do y festivos; jul y ago:
10.00-18.30 diario; sep: 10.30-18.00 sá-do
■ Se cobra entrada ■ www.festyland.com

Un parque de atracciones para niños
de todas las edades. Montaña rusa,
toboganes de agua y un cine en 3D.

⑨ Planétarium Ludiver, Cap de la Hague

**MAPA A2 ■ Flottemanville-Hague ■ 02
33 78 13 80 ■ Horario: feb-jun y sep-
dic: 14.00-18.00 lu-vi y do; jul y ago:
10.30-18.30 diario ■ Se cobra entrada
■ ludiver.lecotentin.fr**

En Ludiver se puede disfrutar de un
recorrido en 3D por el sistema solar y
un viaje al centro de la Tierra, o ver
imágenes del telescopio más potente
(600 mm). También tiene un planeta-
rio (conviene reservar con antelación)
y una estación meteorológica.

⑩ Bâptemes Poneys, Haras National du Pin

**MAPA E5 ■ Le Pin-au-Haras ■ Horarios
variables, consultar página web ■ Se
cobra entrada ■ www.haras-national-
du-pin.com**

¿Qué mejor lugar para ver ponis que
en la granja donde se cría la raza
nacional? Los pequeños pueden
montar con un monitor, y los jinetes
más experimentados pueden disfrutar de una carrera de obstáculos.

TOP 10: CONSEJOS PARA FAMILIAS

1 Restaurantes
Suelen proporcionar tronas y menús
infantiles *(menu d'enfants)*.

2 Pícnics
Se llena la cesta de pícnic comprando
alimentos en los mercados.

3 Hoteles
En la mayoría de los hoteles hay camas
supletorias gratis para niños menores de
12 años en la habitación de sus padres.

4 *Gîtes*
La mejor opción para disponer de
mayor espacio y flexibilidad *(ver p. 127)*.

5 Desplazamientos en coche
Si el coche es de alquiler, hay que
reservar las sillas infantiles antes.

6 Trenes
En Francia, los trayectos de tren son
gratis para menores de 4 años siempre
que viajen en el regazo. Entre los 4 y los
12 años los billetes suelen costar la
mitad que los de los adultos.

7 Lugares de interés
Los menores de 6 años suelen entrar
gratis, y para los menores de 12 a
menudo hay descuentos.

8 Excursiones fluviales
Viajes organizados *(ver p. 125)* con
vistas únicas de la campiña. Tanto el
Douve como el Taute, en Cotentin, se
pueden visitar así.

9 Granjas
Para ver de cerca la vida rural normanda,
nada como ir a una de sus granjas. Más
información en las oficinas de turismo.

10 Trenes turísticos
Una manera fácil de visitar lugares de
interés que está disponible en varios
centros urbanos. Más información en las
oficinas de turismo.

Tren turístico en Bayeux, Normandía

TOP 10 Actividades al aire libre

1 Golf

Normandía es un paraíso para los golfistas, con 51 campos, 29 de los cuales tienen 18 hoyos o más. Los más famosos son el club de golf de Étretat, en lo alto de un acantilado sobre la famosa Falaise d'Aval *(ver p.30)* y el campo de golf de Sanit-Saëns, con vistas al bosque de Eawy *(ver p. 62)*. Deauville tiene tres campos de primera clase, y también hay muy buenos clubes en la playa de Omaha y Granville.

En bicicleta por el campo

2 Bases de Loisirs

Hay muchos centros de ocio *(bases de loisirs)* junto a lagos y ríos donde nadar y practicar deportes acuáticos. En la mayoría también se puede jugar al tenis, al golf, practicar la equitación o tiro con arco.

3 Deportes acuáticos y carros de vela

Las extensas playas son perfectas para el carrovelismo *(char à voile)*, en concreto la playa de Omaha y la costa occidental de la península de Cotentin (hay grandes centros en Vauville y Portbail). Entre la oferta de actividades también se cuentan el windsurf y el kitesurf. Los amantes de la navegación en mar pueden optar entre las más de 100 escuelas y clubes distribuidos por toda la costa.

Catamaranes de alquiler en la playa

4 Ciclismo

La bicicleta es un medio excelente para adentrarse en la campiña normanda. Cada *département* tiene sus propias rutas de bicicletas. En las oficinas de turismo hay folletos sobre ellas. En la Mancha, antiguas vías de ferrocarril y caminos de sirga son ahora rutas ciclistas, y los bosques de Lyons y Brotonne, así como los valles del Eure y el Sena son excelentes. La ruta Veloscenic *(www.veloscenic.com)* va desde París al Mont-Saint-Michel.

5 Piragüismo

El de Condé-sur-Vire es el mayor centro de piragüismo y kayak de Normandía. El valle de Vire *(ver pp.104–105)* es el lugar perfecto para la práctica de este deporte en familia. También se puede practicar en Pont d'Ouilly en la Suiza normanda, en el Eure, cerca de Pacy-sur-Eure y en Saint-Saëns, en el Pays de Bray.

6 Ciclismo de montaña

El lugar mejor acondicionado para practicar ciclismo de montaña es el monte Perche, donde hay senderos señalizados por diferentes niveles de dificultad (planos disponibles en las oficinas de turismo de Mortagne-au-Perche y Domfront). Amayé-sur-Orne y la Suiza normanda son también buenos lugares para su práctica.

7 Senderismo

Hay senderos oficiales (marcados con postes blancos y rojos) por toda la zona. Las *Grandes Randonnées* o GR (Rutas nacionales de senderismo) son recorridos por entornos espectaculares. En Normandía hay tres: la GR23 (Sena y Fôret de Brotonne), GR223 (costa de la península de Cotentin) y GR221 (Suiza normanda).

8 Pesca
La abundancia de lagos y ríos hace que la pesca sea un pasatiempo muy popular. Se organizan expediciones de pesca marítima que parten de varios puertos, como Honfleur, Trouville, Dieppe y St-Valéry-en-Caux.

9 Puenting
MAPA C4 ▪ AJ Hackett Bungy: 02 31 66 31 66 (es necesario reservar)
En el antiguo viaducto de Souleuvre (que construyó en 1889 Gustave Eiffel), los adictos a la adrenalina pueden saltar al vacío con una cuerda elástica alrededor de los tobillos o deslizarse sobre el valle a 100 km/h suspendidos de un cable con arnés.

Saltando del viaducto de Souleuvre

10 Equitación
Hay muchos centros ecuestres, particularmente en el valle de Orne, como Le Village du Cheval *(ver p. 125)* en St-Michel-des-Andaines, donde se pueden practicar muchas actividades. Estos centros organizan desde paseos de unas horas por el campo hasta paquetes vacacionales de senderismo de varios días.

TOP 10: PASEOS

Senderismo, península de La Hague

1 Península de La Hague
La carretera GR223 recorre un abrupto tramo de campiña *(ver p.103)* y la imponente Nez de Jobourg *(ver p. 107)*.

2 Val de Saire
Este valle trashumante es el lugar ideal para un paseo ligero por la campiña. Se puede acabar St-Vaast- la-Hougue o en Barfleur *(ver pp. 106-107)*.

3 Dunas y pantanos, Bréhal
MAPA B4
En la *route submersible* se ve una de las reservas naturales más singulares de Cotentin: Havre de la Vanlée. Las mareas en primavera la inundan.

4 Cataratas de Mortain
MAPA C5
En los márgenes del río Cance se descubre un paisaje alpino.

5 La Suiza normanda
Un terreno abrupto para el senderismo, con imponentes vistas desde Roche d'Oëtre *(ver p. 95)*.

6 Pays d'Auge
Verdes prados, pueblos encantadores y queso y sidra *(ver pp. 38-39)*.

7 Bosque del Perche y de la Trappe
Se puede combinar el senderismo con la búsqueda de setas *(ver p. 63)*.

8 L'Aigle
El día de mercado (ma) es el mejor para recorrer a pie este pueblo *(ver p. 114)* y los cantones vecinos.

9 Fôret d'Eawy
Uno de los hayedos más hermosos de Normandía por el Chemin des Écoliers *(ver p. 62)*.

10 El Sena
Por la GR23 a lo largo de la orilla sur del Sena se entra en el hermoso bosque de Brotonne *(ver p. 63)*.

TOP10 Gastronomía normanda

Omelette de la cocina de la Mère Poulard, Mont-Saint-Michel

1 Omelette de la Mère Poulard

Anette Poulard (1861-1931) era la *patronne* de un hotel del Mont-Saint-Michel. La receta de sus famosas tortillas, que preparaba para los turistas que cruzaban la bahía a pie o en carro, es un secreto. Lo que sí se sabe es que nunca dejaba dorar mucho la mantequilla, que batía los huevos en un cuenco de cobre, lo más seguro separando las claras de las yemas, y que no dejaba de moverlos mientras los hacía en una sartén.

Deliciosos *filets de sole normande*

2 Filets de sole normande

Los pescadores de Normandía tienen en el podio de honor de sus presas al lenguado, que se pesca en la bahía de Dover, conocido en la región como *sole normande*. Está igual de sabroso cocinado solo con mantequilla, *à la meunière,* o *à la dieppoise:* con gambas y mejillones y acompañado de una *velouté*.

3 Poulet Vallée d'Auge

Los ingredientes clave de la cocina normanda, la sidra y la nata, se mezclan para preparar este delicioso plato a base de pollo típico del Pays d'Auge. El pollo troceado y los champiñones se saltean en mantequilla y posteriormente se cuecen en salsa de sidra, Calvados y nata. Otras recetas normandas que se acompañan de salsa de sidra y nata son las *côtes de veau* (chuletas de ternera lechal) y el *filet de porc* (solomillo de cerdo).

4 Teurgoule

Un postre muy famoso, tanto en los hogares como en los restaurantes. Esta especialidad local se remonta a la época en la que los primeros barcos mercantes procedentes de Oriente atracaron en Honfleur y Dieppe cargados de especias. Las amas de casa normandas descubrieron que una pizca de canela era el maridaje perfecto para este arroz con leche elaborado con nata, y así nació la receta del *teurgoule*.

5 Marmite dieppoise

Este potente estofado de pescado tiene su origen en Dieppe, y se elabora con diferentes tipos de pescado, gambas y mejillones. Tiene un sabor ligeramente especiado.

6 Canard à la rouennaise
El pato a la ruanesa se prepara con crías de pato sacrificadas mediante asfixia. Así, la presa no pierde sangre, lo que otorga un sabor más fuerte a la carne. Sabe mejor de lo que suena. Tradicionalmente, el pato se rellena y se sirve en una salsa hecha con su sangre y su propio hígado.

7 Tripes à la mode de Caen
Un plato muy popular en el medio rural normando, los callos se cocinan *à la mode* de Caen con cebolla, pezuña de ternera, Calvados y sidra. En Ferté-Macé, en cambio, los ensartan en brochetas.

8 Caille aux monstrueux
Hay muchas recetas para preparar esta especialidad de Elbeuf elaborada con puerro y codorniz. La variedad de puerro que se cultiva en los valles del Sena y el Eure se conoce como *monstrueux* ("monstruosos", ya que son rechonchos y cortos) y su distintivo sabor combina a la perfección con la codorniz.

9 Trou normand
Este famoso capricho normando es, en realidad, un chupito de Calvados frío que se toma entre platos para favorecer la digestión. La palabra *trou* significa "agujero": se cree que el chupito de Calvados hace "hueco" para que quepa más comida.

10 Douillons y bourdelots
Estos deliciosos bollitos, en porciones individuales, suelen estar rellenos con una manzana o una pera pequeña entera, pelada, sin pepitas y sazonada con canela.

Una manzana *bourdelot*

TOP 10: QUESOS

Una selección de quesos normandos

1 Camembert
Este queso, famoso en todo el mundo, lo inventó Marie Harel durante la Revolución francesa. En 1880, ya provisto de su famosa caja y la reconocible etiqueta, empezó a exportarse por toda Europa.

2 Livarot
Otro queso con mucha historia. Sabe mucho mejor de lo que huele.

3 Neufchâtel
La elaboración de este queso cremoso se remonta al siglo X. Suele tener forma de corazón, aunque puede adoptar otras 5.

4 Pont l'Evêque
El origen de este queso, madurado en caja de madera y sin corteza se remonta a la Edad Media, cuando se llamaba Angelot.

5 Pavé d'Auge
Este queso cuadrado y picante del norte del Pays d'Auge es el percusor del Pont l'Evêque.

6 Brillat-Savarin
Un triple crema inventado por el quesero Henri Adrouët.

7 Fin-de-siècle
A pesar de lo curioso de su nombre, la historia de este triple crema, que hizo famoso Anrouët, se desconoce.

8 Fromage de Monsieur
Un queso fuerte originario de las inmediaciones de Ruan vendido por un hombre cuyo verdadero nombre era *monsieur* Fromage (señor Queso).

9 Coutances
Este queso cremoso de sabor intenso y con una delicada corteza se distribuye en una caja redonda.

10 Briquebec
Este queso suave lo inventaron en el siglo XIX los monjes trapenses de la abadía de Briquebec.

TOP 10 Restaurantes gourmet

El elegante comedor de Manoir du Lys

4 Le Baligan, Cabourg

MAPA E3 ■ 8 Ave Alfred Piat ■ 02 31 24 10 92 ■ Diario ■ €€

Este restaurante, especializado en pescado, es excelente. Sus fuertes son la sopa de pescado y el guiso de bacalao. La atención es buena, el ambiente agradable y la comida sabrosa, por lo que las mesas se suelen llenar pronto. Se debe reservar con antelación.

1 Manoir du Lys, Bagnoles-de-l'Orne

Este restaurante familiar ubicado en una antigua posada tiene mucho encanto. Sirve los mejores platos de la gastronomía regional con un toque moderno *(ver p. 113)*. Dispone de un consistente menú de tres platos maridados con vino a precio fijo. En la posada también se ofrecen cursos de degustación de vinos y "fines de semana micológicos".

2 La Marmite, Ruan

PLANO L5 ■ 3 Rue de Florence ■ 02 35 71 75 55 ■ Cerrado lu y ma, do ■ €€

Un restaurante pequeño y elegante fuera de los circuitos turísticos. Sirve excelentes platos gourmet a diferentes precios. El de siete platos se llama *dégustation surprise* (degustación sorpresa).

3 La Marine, Barneville-Carteret

El famoso chef Laurent Cesne ya no trabaja en este restaurante, pero la herencia de su cocina, innovadora y delicada, promete una experiencia gastronómica memorable. La terraza *(ver p. 109)* es perfecta para tomar una copa mientras se disfruta de la panorámica del mar. Cierra durante el invierno, de diciembre a marzo.

5 Ivan Vautier, Caen

Este restaurante *(ver p. 99)* es uno de los mejores de Caen. Su galardonado chef, Ivan Vautier, crea platos inolvidables que rinden homenaje a los mejores productos locales. La carta de vinos es muy variada, tanto en caldos como en precios.

6 Le Pavé d'Auge, Beuvron-en-Auge

MAPA E3 ■ Pl du Village ■ 02 31 79 26 71 ■ Cerrado lu y ma ■ €€

Dentro del antiguo mercado cubierto de este precioso pueblo está uno de los restaurantes más sofisticados del Pays d'Auge. Los ingredientes incluyen langostinos, espárragos y *fois gras,* que se acompañan con una variedad de vinos excelentes.

7 La Ferme Saint-Siméon, Honfleur

PLANO F3 ■ Rue A-Marais ■ 02 31 81 78 00 ■ Cerrado lu-mi mediodía ■ €€€

El encanto de esta posada del siglo XVII a orillas del Sena, a donde solían venir artistas impresionistas como como Monet y Courbet, es innegable. Sus platos gourmet, de manufactura sencilla, están preparados con ingredientes locales de la mejor calidad.

8 Jean-Luc Tartarin, El Havre

MAPA E2 ▪ 73 Ave Foch ▪ Cerrado do-ma ▪ www.jeanluc-tartarin. com ▪ €€€

Jean-Luc Tartarin, el chef que regenta este restaurante no solo recibe las mejores críticas, sino que también ostenta una estrella Michelin por la labor de modernización de la cocina tradicional francesa que lleva a cabo. Hay opción de una cena de tres platos o una degustación de ocho. Excelentes platos de marisco, y los langostinos ahumados al romero.

9 A Contre Sens, Caen

PLANO M2 ▪ 8-10 Rue des Croisiers ▪ 02 31 97 44 48 ▪ Cerrado do, lu y ma mediodía ▪ €€€

Este magnífico restaurante, ubicado en el corazón del centro histórico de Caen, sirve cocina normanda tradicional en dos modalidades distintas: una degustación sorpresa de cinco o siete platos, con maridaje opcional. Hay opciones vegetarianas.

10 La Chaîne d'Or, Les Andelys

MAPA H3 ▪ 25-27 Rue Grande ▪ 02 32 54 00 31 ▪ Horarios variables, consultar por teléfono ▪ €€

Esta pintoresca posada del XVIII le da a sus comensales la posibilidad de probar platos tradicionales con unas magníficas vistas al río. El menú de degustación es excelente. La carta de vinos tiene más de 350 variedades.

La clásica decoración de La Chaine d'Or

TOP 10: PRODUCTOS NORMANDOS

Manzanas y sidra de Normandía

1 Manzanas y peras
En los fértiles suelos crecen muchas variedades que se usan para cocinar, para producir Calvados, sidra tradicional y la espumosa *poiré* (sidra de pera).

2 Hortalizas
La Mancha es una región famosa por sus excelentes zanahorias, puerros, rábanos, chalotas y perejil.

3 Productos lácteos
De la sabrosa leche que produce el ganado normando se extrae una nata densa, mantequilla (la de Isigny es muy famosa) y productos como los *petit-suisses* o la *confiture de lait*, literalmente "mermelada de leche".

4 Queso
Los 4 reyes son: el camembert, el Pont L'Evêque, el Neufchâtel y el Livarot.

5 *Agneau de pré-salé*
Los corderos criados en los humedales salados en torno al Mont-Saint-Michel tienen un sabor delicado y delicioso.

6 *Boudin noir*
La morcilla de sangre es la especialidad de Mortagne-au-Perche *(ver p. 81).*

7 *Andouille*
La famosa longaniza negra de Vire.

8 Pescado
El pescado de las aguas del Atlántico es excelente. El más preciado es el lenguado de Dover *(sole normande).*

9 Ostras
Se obtienen de las bateas plantadas en alguna de las tres *crus* (áreas): Côte Ouest, St-Vaast-la-Hongue e Isigny.

10 Porcino
La blanca carne de porcino normando es una delicia, sobre todo la variante de cerdo conocida como *porc de Bayeux.*

TOP 10 Mercados

1 St-Lô
MAPA C4

En este pueblecito se celebra un mercado típico los sábados por la mañana. Se pueden comprar productos frescos de los granjeros y los pescadores de la zona. También se venden muebles, ropa y flores.

2 Caen
MAPA D3

La Place St-Sauveur del centro de Caen está rodeada de hermosas casas del siglo XVIII. Donde antaño se ubicaba la picota para el escarnio público, se celebra un pintoresco mercado todos los viernes desde 1026.

3 Dives-sur-Mer
MAPA E3

Este mercado tradicional, todos los domingos, es perfecto para adquirir productos regionales. Se celebra en los espectaculares *halles* de madera del pueblo, del siglo XV, con espectaculares tejados de ladrillo rojo.

4 Ruan
MAPA G3

Los martes, viernes, sábados y domingos, en la Place St-Marc se celebra un animado mercado donde se venden productos frescos, baratijas y libros de segunda mano. Desde finales de noviembre, en la Place de la Cathédrale hay un mercadillo navideño.

Mercado de St-Pierre-sur-Dives

5 St-Pierre-sur-Dives
MAPA E4

Este pueblecito tiene un magnífico mercado de abastos que data del siglo XI. Es el mercado medieval cubierto más grande de Normandía. Se quemó en 1944, pero se reconstruyó respetando la arquitectura original, para lo que se emplearon cientos de miles de clavos de madera en lugar de tornillos y tuercas. Los ganaderos y agricultores locales venden sus productos en el concurrido mercado de los lunes.

6 Dieppe
MAPA G1

Todos los sábados, de 8.00 a 12.00, en la Grande Rue, larga y peatonal, se

Puesto de frutas y verduras en el mercado de Ruan

alinean más de 200 puestos. Los comerciantes venden sus productos (fruta y verdura orgánica, longanizas, mermeladas), y los pescadores lo que hayan capturado en el día. De Dieppe son muy famosas las *lisettes* (crías de caballa), las vieiras y los *gendarmes* (erizos ahumados), que se pueden degustar en noviembre.

L'Aigle
MAPA F5

Este gigantesco y atestado mercado se celebra desde la Edad Media. Hoy en día atrae a miles de compradores a la localidad de L'Aigle cada jueves. Cuenta con cientos de puestos donde se pueden comprar hortalizas de la zona, quesos y sidra.

Forges-les-Eaux
MAPA H2

Un magnífico mercado de productos locales que se celebra los jueves por la mañana en el centro y los sábados en el Halle Baltard de este pueblo balneario *(ver p. 66)*, que forma parte de la Route du Fromage de Neufchâtel. En sus puestos se pueden comprar productos lácteos, huevos, carne, pescado ahumado, mermelada y quesos del Pays de Bray (y, por supuesto, el famoso Neufchâtel). Los jueves también se celebra un mercado de ganado vivo.

Cambremer
MAPA E4

Parte de la diversión de visitar el mercado de Cambremer es ver a sus gentes vestidas con sus trajes tradicionales de labriegos y disfrutar de las exhibiciones de danza y música tradicional, o montar en un carro tirado por caballos. Se celebra todos los domingos por la mañana en julio y agosto, y en fechas especiales como Semana Santa, el 1 de mayo o el Domingo de Ramos.

Bayeux
MAPA D3

En un rincón del mercado los sábados por la mañana en la Place St-Patrice se colocan los productores locales, que traen fruta, verdura, carne y, a veces, también ganado (por lo general unos cuantos gansos o gallinas) de sus propias granjas.

Salchichón, mercado de Bayeux

🔟 **Normandía gratis**

① Château d'Ô
Este castillo con torretas *(ver p. 113)* de estilos gótico flamígero con renacentista tiene un foso, varios jardines y un hermoso parque. La vivienda en sí la ocupa la familia que ostenta la propiedad, pero hay visitas guiadas por el claustro y algunas de las estancias del siglo XVIII más bonitas.

② Batterie de Longues-sur-Mer
La batería de Longues-sur-Mer *(ver p. 34)* fue un puesto defensivo alemán durante la guerra. El puesto de observación y los cañones siguen intactos, apuntando aún al canal. Los visitantes pueden pasear por el entorno y hacerse una idea de cómo fue en su día.

③ Abbaye Notre-Dame, Le Bec-Hellouin
Los turistas pueden pasear gratis por los apacibles terrenos de la hermosa Abbaye Notre-Dame en Le Bec-Hellouin *(ver p. 97)*. El monasterio medieval original, que en su día fue la abadía más importante de Normandía, hubo de ser reconstruido tras quedar prácticamente en ruinas durante la Revolución francesa, pero la torre de San Nicolás, del siglo XV, así como otras zonas, siguen siendo originales.

④ La Pointe du Hoc
En La Pointe du Hoc *(ver p. 34)* hay un centro de visitantes gratuito que relata el desembarco estadounidenses en las costas normandas el Día D. El sitio se mantiene intacto desde entonces, y el terreno sigue horadado por impactos de bomba.

Impactos de bomba en La Pointe du Hoc

El famoso funicular de Le Téport

⑤ Le Tréport Funicular
MAPA H1 ▪ **Horario: 15 jun-15 sep: 7.45-12.45 lu-do; 15 sep-15 jun: 7.45-8.45 diario (12.45 sá; 11.00 do)**
Una de las actividades más placenteras que se puede hacer en el bello pueblecito costero de Le Téport *(ver p. 88)* es coger el funicular hasta su punto más alto, donde hay espectaculares vistas del pueblo y la costa.

⑥ Les Jardins du Pontgirard
MAPA F6 ▪ **Monceaux-au-Perche** ▪ **Horario: 15 jun-sep: 10.00-18.00 diario**
Los recién restaurados jardines de la Manoir du Pontigrad, rodeados de los bosques de la campiña de Perche, son una delicia. Hay estanques, árboles ancianos y gran variedad de flores, entre ellas la lavanda y decenas de tipos diferentes de euforbiáceas.

Cathédrale de Lumière, Ruan

Espectáculo diario: jul: 23.00; primera quincena de ago: 22.30; segunda quincena de ago: 22.00; sep: 21.30
■ www.rouentourisme.com

Las noches de verano, la fachada de la catedral de Ruan *(ver pp. 24-25)* se convierte en el escenario de una espectacular proyección audiovisual de 30 min de duración. Algunos de los temas tratados son la vida de Juana de Arco, la historia de los vikingos y la trayectoria de Monet.

 Fromagerie Graindorge, Livarot

MAPA E4 ■ **42 Rue Général-Leclerc** ■ **02 31 48 20 00** ■ **Horario: jul y ago: diario; sep-jun: lu-sá; horario variable, consultar página web**

En esta *fromagerie* clásica, en la que se producen Livarot y otros quesos normandos, se puede asistir al proceso de fabricación (solo por las mañanas). Al final de la visita se ofrece una degustación de quesos.

⑨ Aître St-Maclou, Ruan

El Aître St-Maclou *(ver p. 26),* construido en el siglo XVI durante un brote de peste, fue antiguamente cementerio y osario. El claustro parece acogedor, hasta que el visitante repara en que los pilares de los edificios que lo rodean están decorados con cráneos, tibias y otra imaginería escalofriante de *danse macabre*.

⑩ Theâtre Romain de Lillebonne

MAPA F2 ■ **Pl Félix Faure 76170 Lillebonne** ■ **02 35 15 69 11** ■ **Horario: abr-jun y sep-nov: 10.00-12.00 y 13.00-15.00 lu-vi; jul y ago: 10.00-12.30 y 13.30-18.00 diario**
■ www.theatreromaindelillebonne.fr

Lillebonne, a orillas del río Sena, fue un puerto muy próspero en época romana. Su anfiteatro, que data del siglo I, se excavó entre los años 1822 y 1840. Tiene capacidad para 3.000 espectadores. En 2007, se descubrieron dos escenarios adicionales en una nueva excavación.

TOP 10: NORMANDÍA A BUEN PRECIO

Mercado de Honfleur

1 Los mercados semanales de muchos pueblos y ciudades son un buen lugar para comprar a buen precio comida, ropa, regalos y baratijas.

2 Algunos museos son gratis ciertos días: por ejemplo, el Musée des Impressionismes *(ver p. 42)* es gratis el primer día de mes.

3 Los menús del día, disponibles a mediodía en los mejores restaurantes, tienen una buena calidad-precio y son mucho más más baratos que las cenas.

4 En Caen, El Havre y Ruan es mejor comprar un abono para usar el transporte público que billetes individuales.

5 En los cafés se ahorra bastante eligiendo el interior del local en lugar de la terraza. La opción más económica suele ser siempre de pie en la barra.

6 El desayuno en una cafetería suele ser mucho más barato que en el hotel.

7 Muchas iglesias ofrecen conciertos y recitales gratis. Las oficinas de turismo tienen un calendario de estos y otros eventos gratis de la zona.

8 Alojarse en un albergue juvenil, una *chambre d'hôte,* una *ferme-auberge* (agroturismo) o un apartamento es más barato que un hotel.

9 En los restaurantes se puede ahorrar pidiendo *eau du robinet* (agua del grifo) y *pichets* (jarras) de vino o sidra.

10 Para menores de 18 años, estudiantes y mayores de 60 años la entrada a los museos suele ser gratis o con descuentos. En Caen, el *free pass* de la oficina de turismo incluye descuentos en varios museos, restaurantes y tiendas. Los museos estatales son gratis para ciudadanos de la UE menores de 25 años.

TOP 10 Festivales y acontecimientos

1 Festivales de la sidra

Una parte clave de la cultura normanda es la producción de sidra. Durante la cosecha de la manzana, que se hace en otoño, se realizan muchos eventos en torno a esta bebida. En el hermoso pueblo de Beuvron-en-Auge se celebra en octubre la Fête de la Cidre, con degustaciones de sidra y zumo de manzana. En Vimoutiers hay otro festival y una feria de la manzana en octubre.

2 Festivales gastronómicos
www.orbec.fr ▪ www.pontleveque.fr ▪ www.mortagne-evenements.com

En Orbec, Pont-l'Evêque y Livarot están algunas de las mejores ferias donde degustar quesos, incluyendo el archifamoso camembert. Los amantes de la carne también disfrutarán de la feria de primavera que se celebra entre marzo y abril en Mortagne-au-Perche, en honor de la especialidad gastronómica local, el *boudin noir* (la morcilla de sangre). Aquí se dan cita carniceros de toda la región para vender más de 5 km de esta exquisitez. Hay varias competiciones para galardonar a aquel o aquella capaz de comer mayor cantidad de morcilla de una tacada.

3 *All that Jazz*
www.jazzsouslespommiers.com

El festival anual Jazz sous les Pommiers (Jazz bajo los manzanos) se celebra en Coutances desde hace más de 30 años. Dura una semana, en mayo, y congrega a nuevos talentos y artistas de renombre. Hay actuaciones callejeras, conciertos itinerantes y *jam sessions*.

4 Rememorando el Día D
www.ddayfestival.com

Para conmemorar el Día D, la región de Normandía organiza una serie de eventos en las semanas previas al aniversario (6 de junio de 1944). Hay fiestas, fuegos artificiales, recreaciones históricas y desfiles. Suelen celebrarse en las playas que fueron escenario del acontecimiento histórico y en los pueblos de las inmediaciones.

5 Festivales marítimos
www.armada.org
▪ www.carnaval-de-granville.fr

Entre finales de junio y principios de julio, cada 5 o 6 años, L'Armada (puerto marítimo) de Ruan acoge en sus instalaciones una flota de navíos y barcos navales procedentes de todo el planeta. La ciudad se llena de actividades que culminan con un pintoresco

Boudin noir expuesto en Mortagne-au-Perche

Puesta de sol en L'Armada de Ruan

desfile de barcos por el Sena. También está el festival de Granville, que se remonta al siglo XVI, una fiesta de despedida para los pescadores de la zona que se adentran en alta mar. Hoy los visitantes se congregan para ver los barcos decorados para este evento, que dura 4 días en Semana Santa. Otro evento marítimo es la Fête des Marins de Honfleur, cuando los pesqueros de la zona se congregan en la Vieux Bassin el Domingo de Ramos para desfilar en honor de los que han perdido la vida en el mar.

6 Diversión en familia
www.rouen.fr ▪ www.dieppe-cerf-volant.org

Normandía es un destino perfecto para unas vacaciones en familia, ya que muchos de sus festivales están destinados a los más pequeños. Uno de ellos es el Rouen sur Mer: durante tres semanas de julio, la margen izquierda del Sena se convierte en una playa con arena importada, tumbonas y sombrillas, toboganes acuáticos y un montón de actividades. Los viernes por la tarde hay conciertos en directo. En Dieppe los cielos se tiñen de colores durante el Festival Internacional de Cometas, que se celebra cada dos años en el mes de septiembre.

7 Competiciones ecuestres
www.polehippiquestlo.fr
▪ www.legrandcomplet.fr

La Competición Ecuestre Normanda es un acontecimiento muy importante internacionalmente. Es en agosto, e incluye subastas de caballos, ponis y burros, y competiciones. Las carreras de saltos y obstáculos son las más famosas. Hay muchas razas, tanto deportivas como de tiro. El National du Pin (ver p. 69), el criadero más antiguo de Francia, hace un espectáculo abierto al público en agosto.

8 En la gran pantalla
www.festival-deauville.com

No tan prestigioso como el de Cannes, el Festival de Cine de Deauville está dedicado a las mejores películas estadounidenses del año, y siempre lo visitan varias estrellas de Hollywood. Se celebra en septiembre, y los premios los elige un jurado íntegramente francés. A menor escala, en Ruan en abril está el festival Ciné Friendly, con un programa compuesto solo por películas LGTBIQ+.

9 Ferias agrícolas
La más grande y famosa es la Foire de Sainte-Croix, en Lessay. El segundo fin de semana de septiembre reúne a 400.000 asistentes. Hay atracciones y barbacoas, así como exhibiciones y venta de ganado vivo.

Asadores de carne, Foire de Sainte-Croix

10 Festividades navideñas
Toda Normandía se llena de mercados navideños en diciembre. El pueblo medieval de Sées cobra vida el segundo sábado de diciembre por la la Foire aux Dindes. Viene gente de todas partes para ver la feria de venta de pavos más grande de Francia y poder elegir su cena de Navidad. En Honfleur, El Havre y Ruan también hay mercadillos espectaculares.

Recorridos
por Normandía

Le Vieux Bassin, Honfleur

TOP 10 **Noreste de Normandía**

Gros Horloge, un reloj astronómico de Ruan

Hacia el interior desde la Côte d'Albâtre, con sus puertos y balnearios al abrigo de acantilados de roca caliza, se encuentran las tierras del noreste de Normandía, dominadas por el Sena, que discurre sinuosamente por el límite sur de la región. Una región de bosques y ríos vírgenes abarca el *département* del Sena Marítimo y, al norte del Sena hasta casi llegar al Epte, una franja del Eure. Giverny, la ciudad que debe su fama a Monet, se encuentra en la confluencia entre ambos ríos. El paisaje del Sena Marítimo es de lo más variado, y va desde el exhuberante y despoblado Pays de Bray al noreste a la meseta arcillosa del Pays de Caux, en el centro. Entre el mar y la cultural ciudad catedralicia de Ruan, las abadías se suceden en las boscosas orillas del valle del Sena, a modo de etapas espirituales de la transitada Ruta de las Abadías.

NORESTE DE NORMANDÍA

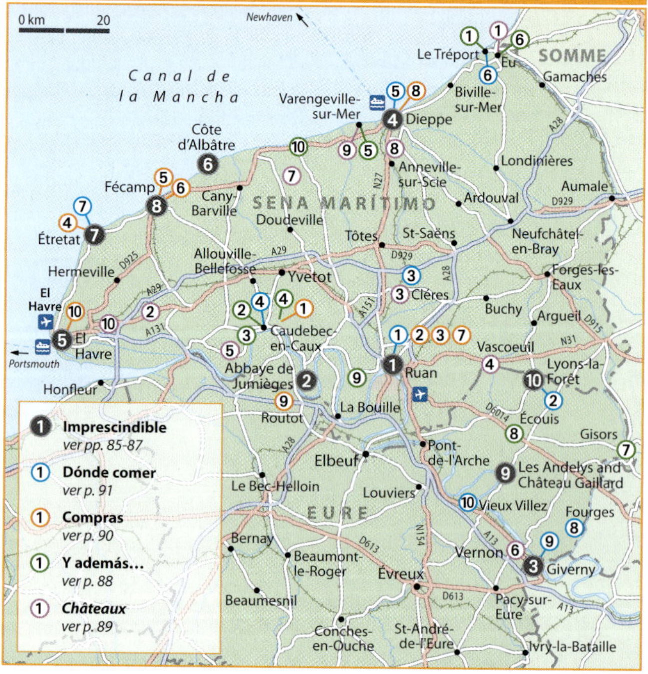

Newhaven

Canal de la Mancha

SOMME
Le Tréport
Eu
Gamaches
Biville-sur-Mer
Varengeville-sur-Mer
Dieppe
Côte d'Albâtre
Anneville-sur-Scie
Londinières
Aumale
Fécamp
Cany-Barville
Doudeville
SENA MARÍTIMO
Ardouval
Étretat
Tôtes
St-Saëns
Neufchâtel-en-Bray
Hermeville
Allouville-Bellefosse
Yvetot
Clères
Forges-les-Eaux
El Havre
Buchy
Argueil
Caudebec-en-Caux
Vascoeuil
Lyons-la-Forêt
Portsmouth
El Havre
Abbaye de Jumièges
Ruan
Écouis
Honfleur
Routot
La Bouille
Gisors
Pont-de-l'Arche
Elbeuf
Les Andelys and Château Gaillard
Le Bec-Helloin
Louviers
Vieux Villez
Fourges
Bernay
Beaumont-le-Roger
Vernon
Giverny
Beaumesnil
Évreux
Pacy-sur-Eure
Conches-en-Ouche
St-André-de-l'Eure
Ivry-la-Bataille
EURE

1	**Imprescindible** ver pp. 85-87
1	**Dónde comer** ver p. 91
1	**Compras** ver p. 90
1	**Y además...** ver p. 88
1	*Châteaux* ver p. 89

El Sena serpentea por el centro histórico de Ruan

1 Ruan

La capital de la Haute Normandie la fundaron los romanos en torno al año 50 d. C., en un lugar estratégico: el último punto del curso del Sena donde se podía construir un puente. Después de la guerra de los Cien Años, Ruan prosperó por la producción textil y el comercio marítimo. Los tesoros de la orilla norte, entre los que se cuentan las casas con entramado de madera y la imponente catedral *(ver pp. 24-26)*, atraen a miles de turistas.

2 Abbaye de Jumièges

Esta abadía del siglo VII *(ver pp 22-23)*, donde llegaron a vivir 900 monjes, quedó reducida a ruinas durante la Revolución francesa.

3 Giverny

La Fondation Claude Monet *(ver pp. 40-43)* rinde homenaje al artista en su ciudad natal. Se visitan así los jardines que lo inspiraron. El Musée des Impressionnismes explora la historia del impresionismo.

4 Dieppe

MAPA G1 ▪ Office de Tourisme: Pont Jehan Ango, Quai du Carénage; 02 32 14 40 60; www.dieppetourisme.com

Dieppe *(ver p. 76)*, se ubica en un imponente paraje entre acantilados de roca caliza. Su puerto, en el Canal, fue objetivo de invasores extranjeros durante siglos, y es uno de los destinos turísticos predilectos de los británicos por su enorme playa y animado centro histórico en torno a la Grande Rue. Cerca, en la Église St-Jacques, se puede visitar un monumento a los miles de soldados canadienses caídos en la Operación Jubilee del año 1942. El castillo medieval alberga un museo con una colección de cuadros impresionistas y varias hermosas tallas de marfil del silgo XVI. La Cité de la Mer es un acuario con exposiciones sobre la vida submarina.

Barcas en el puerto de Dieppe

5 El Havre

MAPA E2 ▪ Office de Tourisme: 186 Blvd Clémenceau; 02 32 74 04 04

El puerto de El Havre, construido en 1517 para sustituir los puertos colmatados de Honfleur, Harfleur y Caudebec, es el 2.º puerto más importante de Francia y patrimonio mundial de la Unesco, en tributo a su espectacular recuperación tras el bombardeo que destruyó la ciudad en 1944. La catedral del siglo XVI mezcla estilo gótico y renacentista. Auguste Perret fue el arquitecto que diseñó el plan de reconstrucción. Su estilo se ve sobre todo en la increíble Église St-Joseph. Algo más moderno es la estructura de vidrio, aluminio y acero que alberga el MuMa *(ver p. 55)*.

6 Côte d'Albâtre
MAPA E2, F1, G1, H1

A primera vista, la costa de Alabastro puede parecer la margen opuesta del canal: su similitud con los acantilados blancos de Dover es impresionante. Va desde el sudoeste en Le Téport hasta El Havre, y está salpicada de *valleuses*, valles secos en los acantilados que aparecen cuando la piedra se retrae por la combinación de las fuerzas del mar y el viento. Los puertos están en las calas de guijarros, y en los pueblos más grandes los estuarios. Esta costa tiene uno de los paisajes más espectaculares de la región.

Falaise d'Aval visto desde Étretat

7 Étretat

Este pintoresco pueblo, protegido por dos acantilados, las Falaises d'Aval y d'Amont *(ver pp. 30-31)*, era un enclave tranquilo hasta que en el siglo XIX lo pusieron de moda hordas de escritores, pintores y veraneantes parisinos. Las mejores vistas de la Falaise d'Aval ,una formación rocosa que crea un arco natural, se tienen tras subir a Notre-Dame-de-la-Garde, la capilla marinera en lo alto de la Falaise d'Amont. Cerca hay un monumento en honor a los aviadores Nungesser y Coli, ya que este fue el último lugar donde se avistó su avión, en el fallido intento de cruzar el Atlántico en 1927. En Étretat se puede visitar la Place Folche, donde casas del siglo XVI se disponen en torno a *halles* de madera -una reconstrucción de un mercado cubierto de los años 1920-, y admirar la belleza de las mansiones de la *belle époque*.

EL SENA

El segundo río más largo, el más concurrido y, sin duda, el más famoso de Francia, nace en Borgoña, discurre por París y desemboca en El Havre. El curso bajo que surca Normandía tiene cauce suficiente para que por él naveguen barcos y lanchas grandes. De ahí su importancia histórica para colonos e invasores, y la ubicación de Ruan y las abadías normandas.

8 Fécamp
MAPA F2 ■ Office de Tourisme: Quai Sadi-Carnot; 02 35 28 51 01

Se convirtió en un centro de peregrinación cuando un cofre que se cree que contenía unas preciadas gotas de la sangre de Cristo apareció en sus costas, arrastrado por la corriente, en el siglo I. Para albergar la reliquia se construyó una primera abadía (actualmente en ruinas), y entre los siglos XII y XIII se erigió la gloriosa Abbatiale de la Trinité *(ver p. 52)*. Más prosaicamente, el sustento de esta práctica ciudad portuaria ha sido siempre la pesca del bacalao. Fécamp también se precia de ser la ciudad de origen del Bénédictine, un licor de hierbas que elaboró el mercader Alexandre le Grand en 1863 basándose en una antigua receta monástica. Se sigue destilando en el Palais Bénédictine *(ver p. 90)*, construido en el siglo XIX en estilo gótico.

Palais Bénédictine, Fécamp

El evocador Château Gaillard

⑨ Les Andelys y Château Gaillard

MAPA H3 ■ Office de Tourisme: 2 Rue Grande, 02 32 21 31 29

Los pueblos gemelos de Grand y Petit Andelys están en un bello enclave en un meandro del Sena, a la sombra de las blancas ruinas del Château Gaillard de Ricardo Corazón de León, construido a toda prisa en 1196 para evitar que Felipe Augusto llegara a Ruan. A sus pies pasan las serpenteantes calles de Petit Andely, de casitas de madera, y la más comercial Grand Andely. Entre los atractivos de esta última hay una iglesia construida entre los siglos XVI y XVII y un par de museos interesantes: uno dedicado al pintor Nicolas Poussin y el otro al regimiento Normandie-Niémen.

⑩ Lyons-la-Forêt

MAPA H3 ■ Office de Tourisme: 25 Bis Place Benserade; 02 32 49 31 65

Al ver este pueblo de postal, se entiende por qué Maurice Ravel solía venir aquí a componer. Lo más interesante de la zona es el Château de Fleury-la-Forêt, de principios del siglo XVII, con una magnífica colección de juguetes y muñecas; el Château de Vascoeuil, en cuyos terrenos conviven casitas de campo tradicionales y esculturas modernas y las ruinas de la abadía cisterciense de Mortemer.

RECORRIDO EN COCHE POR EL VALLE DEL SENA

▶ **MAÑANA**

Toma la carretera D982 desde Ruan hasta St-Martin-de-Boscherville para visitar la encantadora abadía románica de **St-Georges de Boscherville** (ver p. 88). Piérdete por sus jardines y disfruta de las vistas. Tras una incursión en la tienda de la abadía, repón fuerzas en uno de los bares del pueblo.

Prosigue por la D982 hasta llegar a la D143, el desvío hacia las cautivadoras ruinas de la **Abbaye de Jumièges** (ver pp. 22-23). La visita hay que hacerla lentamente, así que tómate tu tiempo. Luego, dirígete al **Auberge du Bac** (2 Rue Alphones Callais) para almorzar.

TARDE

Desde Jumièges, cruza el río en *bac* (ferri) hasta el bosque de Brotonne (ver p. 63), que está en el **Parque Natural Regional Boucles de la Seine Normande** (ver p. 60). Tómate tu tiempo para explorar este plácido bosque, uno de los hayedos más grandes de Francia. Cruza el elegante Pont de Brotonne (ver p. 63) sobre la ciudad de **Caudebec-en-Caux** (ver p. 88) y disfruta de su espléndida iglesia gótica flamígera y la medieval Maison des Templiers.

Toma la carretera D81 hasta el encantador pueblecito de **Vilequier** (ver p. 88), a orillas del río. Disfruta del paseo y contempla las barcas pasar antes de poner rumbo a **Le Manoir de Rétival** (ver p. 91), un restaurante con 1 estrella Michelin que además tiene un elegante hotel con vistas al Sena.

Ver mapa en p. 84 ⟵

Y además...

① Le Tréport
MAPA H1 ▪ Office de Tourisme: **Quai Sadi Carnot; 02 35 86 05 69**

Este popular pueblecito a orillas del Sena es famoso por su pescado ahumado *(ver p. 90)* y también por sus vistas desde el *calvaire* (calvario).

② Caudebec-en-Caux
MAPA G2 ▪ Office de Tourisme: **Pl du Général de Gaulle; 02 32 70 46 32**

Un pintoresco pueblecito con mercado dominical, una iglesia gótica y una casa de templarios medieval.

③ Villequier
MAPA F2 ▪ Musée Victor-Hugo: **02 35 56 78 31; Horarios variables, llamar con antelación; Se cobra entrada**

En un hermoso enclave del Sena, Villequier marca el hito donde el río se convierte en estuario. Léopoldine, la hija de Victor Hugo, se ahogó aquí en 1843. El Musée Victor-Hugo es un homenaje a la vida de la muchacha.

④ Abbaye de St-Wandrille
MAPA G2 ▪ Visitas guiadas: **llamar al 02 35 96 23 11**

La escabrosa historia de este monasterio benedictino se remonta al 649, con eventos como el hechizo del que se quejaba el marqués de Stackpole cuando lo habitó en el siglo XIX.

⑤ Varengeville-sur-Mer
MAPA G1

Desde este pueblo se contemplan maravillosas vistas. Su iglesia, en lo alto de un acantilado, posee vidrieras de Ubac y Braques.

⑥ Eu
MAPA H1 ▪ Office de Tourisme: **Pl Guillaume le Conquérant; www.destination-letreport-mers.fr**

Este hermoso pueblo recibe su nombre del arzobispo irlandés san Laurencio (Lorcán Ua, o Eu,Tuathail), que murió aquí en 1180.

Ruinas del castillo de Gisors

⑦ Gisors
MAPA J3 ▪ Office de Tourisme: **1 Passage du Monarque; 02 32 27 60 63** ▪ **www.tourisme-gisors.fr**

En la capital del Vexin normando, una hermosa iglesia de entre los siglos XIII y XIV convive con el imponente castillo que Guillermo el Conquistador construyó para proteger sus fronteras.

⑧ Écouis
MAPA H3 ▪ Abbaye de Fontaine Guérard: Fleury-sur-Andelle; 06 86 08 04 67 ▪ Horario: med abr-oct: variable, llamar antes ▪ Se cobra entrada

En el centro de Écouis está la iglesia de Notre-Dame de 1313. Cerca se pueden visitar las ruinas de la Abbaye de Fontaine Guérard, del siglo XII.

⑨ Abbaye St-Georges de Boscherville
MAPA G3 ▪ St-Martin-de-Boscherville** ▪ Horario: abr-oct: 9.00-18.30 lu-do; nov-mar: 14.00-17.00 diario ▪ Se cobra entrada ▪ www.abbaye-saint-georges.com

Exquisito ejemplo de arquitectura románico-normanda.

⑩ Veules-les-Roses
MAPA G1 ▪ Office de Tourisme: 27 Rue Victor Hugo; 02 35 97 63 05

Este bonito pueblo, con su propio valle en el estuario del río más corto de Francia, se erige en torno a una iglesia del s. XII.

Talla de Boscherville

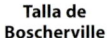

Châteaux

1 Château d'Eu
MAPA H1 ▪ Eu ▪ Horario: med mar-oct: 10.00-12.00 y 14.00-18.00 mi-lu (vi solo tardes) ▪ Se cobra entrada
La reina Victoria se alojó en la residencia de vacaciones de Luis Felipe, erigida en el siglo XVI. Actualmente alberga el Musée Louis-Philippe.

2 Château de Filières
MAPA F2 ▪ Gommerville ▪ 02 35 20 53 30 ▪ Horario: may, jun y sep: 14.00-18.00 sá, do y festivos; jul y ago: 14.00-18.00 diario ▪ Se cobra entrada
Del castillo original de Enrique IV solo queda el ala izquierda. La avenida de hayas se apoda la Cathédrale.

3 Château de Clères
MAPA G2 ▪ Clères ▪ 02 35 33 23 08 ▪ Horario: mar-sep y oct: 10.00-18.30 diario; july ago: 9.30-19.00 diario; nov: 10.00-17.30 diario ▪ Se cobra entrada
Los amplios jardines de este imponente castillo albergan un pequeño zoo.

4 Château de Vascoeuil
MAPA H3 ▪ Vascoeuil ▪ 02 35 23 62 35 ▪ Horario: may, jun, sep y oct: 14:30-18.00 mi-do; jul y ago: 11.00-18.30 diario ▪ Se cobra entrada ▪ www.chateauvascoeuil.com
En sus terrenos se pueden contemplar más de 60 esculturas. También tiene exposiciones temporales de arte.

5 Château d'Ételan
MAPA F3 ▪ St-Maurice-d'Ételan ▪ Horarios variables, consultar página web ▪ Se cobra entrada ▪ www.chateau-etelan.fr
Impactante ejemplo de gótico flamígero del siglo XV. La joya es su capilla. Hay que reservar con antelación.

6 Château de Bizy
MAPA H4 ▪ Vernon ▪ 06 12 14 60 25 ▪ Horario: abr-oct: 14.00-18.00 ma-do ▪ Se cobra entrada ▪ www.chateaudebizy.com
Hay que reservar la visita por este espléndido castillo construido con estilo Versalles que perteneció a Luis XV.

7 Château de Mesnil-Geoffroy
MAPA G1 ▪ Ermenouville ▪ Horario: may-sep: 14.00-18.00 mi-do y festivos ▪ Se cobra entrada ▪ www.chateau-mesnil-geoffroy.com
En los jardines de esta casa del siglo XVII el paisajista Colinet diseñó un laberinto de setos, una rosaleda y un jardín de hierbas aromáticas.

8 Château de Miromesnil
MAPA G1 ▪ Tourville-sur-Arques ▪ Horario: abr y sep: 14.00-18.00 diario; may-ago: 10.00-12.00 y 14.00-18.00 diario ▪ Se cobra entrada ▪ www.chateau miromesnil.com
El salón Montebello y los aposentos del marqués de Miromesnil de esta mansión de entre los siglos XVI y XVII, en la que nació Guy de Maupassant, son imprescindibles.

Château de Miromesnil

9 Manoir d'Ango
MAPA G1 ▪ Varengeville-sur-Mer ▪ 02 35 83 61 56 ▪ Horario: may-sep: 10.00-12.30 y 14.00-18.00 diario; oct: sá, do y festivos ▪ Se cobra entrada
Espectacular mansión de estilo renacentista italiano del siglo XVI.

10 Château d'Orcher
MAPA F2 ▪ Gonfreville l'Orcher ▪ 02 35 45 45 91 ▪ Horarios variables, consultar página web ▪ Se cobra entrada ▪ www.chateaudorcher.com
Este fuerte del siglo XI (remodelado en el siglo XVIII) está en un sitio espectacular, en lo alto de un acantilado.

Ver mapa en p. 84 →

Compras

1 Abbaye de St-Wandrille
MAPA G2

La tienda de la famosa abadía *(ver p. 88)* es un granero del siglo XIV. Es el mejor lugar donde adquirir productos hechos por los monjes, como CD de canto gregoriano, miel y velas.

2 La Requinque, Ruan
PLANO N5 ▪ 50 Rue d'Amiens ▪ Horario: 10.00-19.00 ma-sá

Esta tienda *ecofriendly* de Ruan se especializa en la venta de productos supraciclados. Aquí hay llamativos objetos manufacturados por artesanos locales, entre ellos extravagantes lámparas *vintage,* juguetes, bolsas de tela y mochilas de lona.

3 Les Paillardises, Ruan
PLANO L5 ▪ 11 Rue Guillaume le Conquérant

El paraíso para los amantes del chocolate. La especialidad ruanesa son las *paillardises* (bombones recubiertos de una gruesa capa de praliné).

4 Manoir de Cateuil, Étretat
MAPA F2 ▪ Rte du Havre

Este encantador castillo alberga la Ferme Le Valaine, donde se producen sidra y queso de cabra artesanal, así como sabrosos helados y bombones elaborados con leche fresca de cabra.

5 Palais Bénédictine, Fécamp
MAPA F2 ▪ 110 Rue Alexandre-le-Grand

Antes de visitar la tienda, perfectamente abastecida con botellas de Bénédictine y B&B (Bénédictine mezclado con brandy), se prueba el licor envejecido en barricas en la bodega.

6 Pêcheurs d'Islande, Fécamp
MAPA F2 ▪ 41 Quai Berigny

Esta tienda de delicias de pescado, fundada en 1872, vende salmón ahumado y marinado, caballa, arenques, gambas y cremas y aceite a base de algas.

7 Caves Bérigny, Ruan
PLANO L5 ▪ 7 Rue Rollon ▪ 02 35 07 57 54 ▪ Horario: 11.00-19.30 lu, 9.30-17.30 ma-sá, 10.00-13.00 do

Los estantes de esta atractiva tienda están bien surtidos de vinos franceses y sidras normandas. Tiene sucursales en Fécamp, Lillebonne y El Havre.

8 L'Epicerie Olivier, Dieppe
MAPA G1 ▪ 16 Rue St-Jacques ▪ 02 35 84 22 55 ▪ Horario: ma-sá (jul y ago: también lu tarde)

Aquí hay cualquier tipo de producto gourmet francés: charcutería y quesos, los mejores cafés, mostazas, especias, aceites y conservas. También ofrece una magnífica selección de buenos vinos, sidras y licores.

Quesos en L'Epicerie Olivier, Dieppe

9 Maison du Lin, Routot
MAPA G3 ▪ Pl du Général-Leclerc ▪ 02 32 56 21 76 ▪ Horario: abr-jun y sep: 14.00-18.00 mi-do; jul y ago: 14.00-18.30 ma-do;

En este museo se descubre la historia y el proceso de producción de ropa de cama.

10 Saveur Chocolat, El Havre
MAPA F2 ▪ 19 Rue Albert André-Huet

La familia Auzou es *chocolatier* desde 1961. Su tienda es el mejor sitio para comprar "lágrimas de Juana de Arco" (almendras recubiertas de chocolate).

Dónde comer

Domaine St-Clair, Le Donjon-Étretat

1 Gill, Ruan

MAPA G3 ■ 8-9 Quai de la Bourse ■ 02 35 71 16 14 ■ €€

El chef Gill Tournadre ha renunciado a sus 2 estrellas Michelin, pero su restaurante sigue sirviendo una comida excelente, aunque con precios mucho más asequibles.

2 La Licorne Royale, Lyons-la-Forêt

MAPA H3 ■ 27 Pl Benserade ■ 02 32 48 24 24 ■ Cerrado mi y ju ■ €€€

El restaurante del Hôtel de la Licorne combina el encanto rústico con la cocina moderna.

3 Au Souper Fin, Frichemesnil

MAPA H2 ■ 1 Rte de Clères ■ 02 35 33 33 88 ■ Cerrado do, ma y mi ■ €€€

El lugar perfecto para degustar la innovadora cocina de Eirc Buisset, con 1 estrella Michelin.

4 Le Manoir de Rétival, Caudebec-en-Caux

MAPA G2 ■ 2 Rue St-Clair ■ 06 50 23 43 63 ■ €€€

El chef David Goerne ofrece un menú degustación diferente cada día de la semana. Reserva con antelación.

5 Bistrot du Pollet, Dieppe

MAPA G1 ■ 23 Rue Tête-de-Boeuf ■ 02 35 84 68 57 ■ Cerrado do y lu ■ €€

En este recogido restaurante sirven pescado recién capturado del mar.

6 Le Homard Bleu, Le Tréport

MAPA H1 ■ 45 Quai François 1er ■ 02 35 86 15 89 ■ €€

Especializado en marisco, pescado fresco y langosta. Para tener mesa con vistas al puerto hay que reservar.

7 Domaine St-Clair, Le Donjon-Étretat

MAPA F2 ■ Chemin de St-Clair ■ 02 35 27 08 23 ■ €€

Cena a la luz de las velas en este elegante restaurante con 1 estrella Michelin. El chef Gabin Bouguet tiene 4 menús degustación con diferentes precios, y una variada carta de platos.

8 Le Moulin de Fourges, Fourges

MAPA J4 ■ 38 Rue du Moulin ■ 02 32 52 12 12 ■ Cerrado nov-mar: lu y ma; mi y ju mediodía ■ €€

Bonito molino a orillas del Epte con excelentes platos de la cocina regional en un marco incomparable. Los productos, fresquísimos, se preparan con tanta habilidad como imaginación.

9 Restaurant Baudy, Giverny

MAPA H4 ■ 81 Rue Claude Monet ■ 02 32 21 10 03 ■ Cerrado nov-mar, do noche y lu ■ €

Los almuerzos de este restaurante tradicional son el acompañamiento perfecto de la visita al jardín de Monet.

10 La Closerie, Vieux Villez

MAPA H3 ■ 17 Rue de l'Église ■ 02 32 77 44 77 ■ €

Ubicado en los terrenos del Château Corneille, en La Closerie se sirven platos locales acompañados de una amplia selección de vinos y 2 menús degustación.

Ver mapa en p. 84 ←

🔟 Centro de Normandía

Esta región, que abarca todo el *département* de Calvados y gran parte del Eure, es el auténtico corazón de Normandía. Desde los placeres terrenales de Deauville a las aspiraciones celestiales de santa Teresita de Lisieux, del rústico idilio del Pays d'Auge a la magnificencia arquitectónica del Château de Beaumesnil, y del tapiz de Bayeux a los cuadros impresionistas inspirados en el encantador puerto marítimo de Honfleur; el centro de Normandía es un hervidero de variedad e interés.

Pieza del Musée d'Évreux

Guillermo el Conquistador, nacido en Falaise y enterrado en Caen, es la figura histórica más importante de la región, mientras que el acontecimiento central es el Día D, el 6 de junio de 1944, y la subsiguiente batalla de Normandía, que se libró en las extensas playas de arena e históricas ciudades, ahora cuidadosamente rehabilitadas.

CENTRO DE NORMANDÍA

● **Imprescindible** ver pp. 93-95	① **Châteaux** ver p. 96
① **Dónde comer** ver p. 99	① **Pueblos** ver p. 98
① **Edificios religiosos** ver p. 97	

1 Caen
MAPA D3 ■ Office de Tourisme: Pl St-Pierre; www.caenlamer-tourisme.fr

Caen fue reconstruida tras la Segunda Guerra Mundial, pero conserva un pequeño centro histórico con obras de arte del románico, entre ellas la abadía de St-Etienne, que mandó construir Guillermo el Conquistador, y sirvió de refugio a cientos de ciudadanos durante la feroz batalla de Caen en 1944. Muchos turistas solo van al impactante Mémorial de Caen *(ver p. 54)*, pero merece la pena pasar algo de tiempo en esta animada ciudad.

2 Honfleur
El plato fuerte de la costa normanda es este encantador puerto *(ver pp. 20-21)*, fortificado durante la guerra de los Cien Años, cuando se la

El pintoresco puerto de Honfleur

disputaban franceses e ingleses. Hoy es una ciudad muy querida tanto por los marineros como por los artistas que han encontrado inspiración en sus calles.

3 Bayeux
Aunque su tapiz *(ver pp. 16-19)* es famoso en el mundo entero, la pequeña ciudad catedralicia que lo alberga es de hecho muy desconocida, pero rebosa encanto. Para ver, en el Centre Guillaume-le-Conquérant, el tapiz, se necesitan 2 horas, y al menos otro par para ver el Vieux Bayeux.

Una escena del tapiz de Bayeux

4 Pays d'Auge
Si la costa normanda alcanza el culmen de su belleza entre Cabourg y Honfleur, el paisaje del interior no se queda atrás. El Pays d'Auge *(ver pp. 38-39)*, donde abundan las plantaciones frutales y las granjas lecheras, se extiende desde la costa hasta el centro del *département* de Calvados. Lisieux, la ciudad más importante, es famosa por su conexión con santa Teresita, aunque la zona está llena de casas solariegas y pueblos pintorescos. También es un buen lugar para degustar quesos, sidra y Calvados.

⑤ Playas del Día D

Más de 70 años después del Día D, los cruciales eventos del 6 de junio de 1944, cuando los Aliados desembarcaron en las playas de la bahía del Sena *(ver pp. 34-37)*, se conmemoran en emocionantes monumentos, museos y cementerios.

⑥ Deauville y la Côte Fleurie

La franja de costa más bella de Normandía, con hermosas playas de arena, cobra vida gracias a todos sus centros turísticos, para todos los gustos: casinos en la opulenta Deauville *(ver pp. 32-33)*, pesca de gambas y navegación por tierra en Houlgate y Cabourg o las innumerables atracciones de la despreocupada Trouville. La D513 va a lo largo de la costa y se adentra en el interior bordeando la imponente cornisa de las Falaises des Vaches Noires, que se alzan entre Houlgate y Viliers-sur-Mer.

Château d'Anet, Vallée de l'Eure

⑦ Vallée de l'Eure

MAPA H4 ▪ **Office de Tourisme: Pl de la Gare, Pacy-sur-Eure; 02 32 26 18 21**

La zona de la región comprendida entre Chartres y el Sena a veces se denomina Valle de las Amantes, ya que aquí se encuentra el castillo de la esposa secreta de Luis XIV, Madame de Maintenon (justo en la linde entre Île de France y Normandía) y, no muy lejos, el Château d'Anet *(ver p. 96)*, regentado por Diane de Poitiers, amante de Enrique II. Desde Ante, las carreteras D143 y D836 siguen el curso del río más allá de Ivry-la-

Bataille y Pacy-sur-Eure, que tiene una iglesia del siglo XIII. A continuación, se encuentra Cocherel, y luego el Château d'Acquigny, en el centro de un parque. El Eure desemboca en Louviers, que tiene un casco histórico en torno a la iglesia de Notre-Dame *(ver p. 97)*, del siglo XIII.

⑧ Évreux

MAPA H4 ▪ **Office de Tourisme: 11 Rue du la Harpe; 02 32 24 04 43**

Capital del *département* de Eure, la historia de Évreux es turbulenta, comenzando por el sitio y la invasión que sufrió cuando los vándalos la saquearon en el siglo V. El centro, que quedó muy dañado durante la Segunda Guerra Mundial, ha sido rehabilitado. Los jardines y los paseos ribereños son muy agradables. En la Cathédrale de Notre-Dame, las tallas renacentistas que decoran la puerta norte datan del momento más álgido del periodo flamígero, así como los motivos florales y de hojas del transepto y el cimborrio. En el Musée d'Evreux hay hallazgos arqueológicos galorromanos, así como misericordias y tapices medievales.

⑨ Falaise

MAPA E4 ▪ **Office de Tourisme: Pl Guillaume le Conquérant; 02 31 90 17 26; www.falaise-suissenormande.com**

La estatua ecuestre de Guillermo el Conquistador marca el estilo de la plaza principal de esta atractiva ciudad. Sobre Falaise se alza el enorme Château Guillaume-le-Conquérant, lugar de nacimiento del monarca en 1027. En agosto de 1944 se libró aquí la violenta (y decisiva) operación

Château Guillaume-le-Conquérant

Cobra. Abajo, en el valle, una escultura moderna conmemora el lugar donde el padre de Guillermo, Roberto el Magnífico, vio por primera vez a su futura esposa lavando ropa en un arroyo. También merece la pena visitar la Avenida de los Autómatas, una colección de autómatas del siglo XX expuesta en una vitrina callejera, y el Musée André Lemaitre, que se compone de pinturas de este artista local.

10 La Suiza normanda
MAPA D4-D5 ■ Office de Tourisme: 2 Pl St-Sauveur, Thury-Harcourt; 02 31 79 70 45; www.falaise-suissenormande.com

En su serpenteante vertiente norte, el río Orne atraviesa el *massif*, dando lugar a unos pronunciados acantilados y varias cumbres. Ninguna es particularmente alta, pero desde ellas las vistas son impresionantes, y todo un reclamo para actividades al aire libre. Muchos visitantes van para practicar piragüismo, senderismo, pesca o escalada; otros para las tirolinas desde Pain de Sucre. Otro atractivo es la escarpada Roche d'Oëtre, desde donde las vistas a la garganta del Rouvre son imponentes. Las poblaciones principales son Thury-Harcourt, Pont d'Ouilly y Clécy *(ver p. 98)*.

Escalada en la Suiza normanda

RECORRIDO EN COCHE POR EL RISLE

▶ **MAÑANA**

Partiendo de **Pont-Audemer** *(ver p. 98)*, sigue el sendero que recorre los mayores atractivos de la ciudad. Los viernes (día de mercado), la Rue de la République está siempre llena de puestos de comida.

Sigue la D130 para un precioso trayecto de 34 km por el curso del Risle a través del bosque de Montfort hasta **Le Bec-Hellouin** *(ver p. 52)*. Pasea por la abadía y visítala con la explicación de uno de sus monjes. El **pueblo** *(ver p. 57)* es el lugar perfecto para almorzar. Si haces un pícnic, regresa hasta Pont-Anthou y sigue por el puente hasta Canoe-Kayak-La Risle, un plácido rincón en un islote del río.

TARDE

Sal de Le Bec-Hellouin por la pintoresca D39 hasta St-Martin-du-Parc y Le Bubot, y luego a la izquierda por la D26 hasta **Harcourt** para visitar el austero castillo-fortaleza medieval *(ver p. 96)* y el arboreto más antiguo de Francia. Saliendo de la D137, retoma el curso del Risle en **Brionne** *(ver p. 98)*. Aquí puedes hacer muchas cosas, como ir en piragua o alquilar un bote a pedales. El **donjon** (torre del homenaje) de la colina es una hermosa vista al atardecer, y tiene una panorámica del valle del Risle magnífica.

En la ciudad, hay gran variedad de cafeterías y restaurantes. El mejor es el **Auberge du Vieux Donjo** *(Rue de la Soie)*, del siglo XVIII.

Ver mapa en pp. 92-93 ➤

Châteaux

① Château de Balleroy
MAPA C3 ▪ 02 31 21 60 61
▪ Horario: abr-jun, sep y oct: mi-do;
jul y ago: diario ▪ Se cobra entrada

En su sala Waterloo del siglo XVI,
los retratos de Napoleón y
Wellington se miran de frente. En
los establos hay un museo al globo
aerostático.

Château de Beaumesnil y jardines

② Château de Beaumesnil
MAPA G4 ▪ Horario: may, jun y
sep: sá y do tardes; jul y ago: diario
▪ Se cobra entrada ▪ www.chateau
beaumesnil.com

Esta maravilla barroca combina a la
perfección con los hermosos y cuidados jardines que la rodean.

③ Château d'Anet
MAPA H4 ▪ Horario: abr-oct:
mi-lu tardes; feb, mar y nov: sá y do
tardes ▪ Se cobra entrada ▪ www.
chateau-d-anet.com

Aunque ya no tiene su antigua gloria,
este castillo sigue siendo imponente.
Hay que visitar ambas capillas.

④ Château Saint Germain de Livet
MAPA F4 ▪ 02 31 31 00 03 ▪ Horario:
abr-oct: ma-do ▪ Se cobra entrada

Un impresionante castillo de ladrillo y
madera del siglo XV con foso propio.

⑤ Château de Crèvecoeur
MAPA E4 ▪ Crèvecoeur-en-Auge
▪ Horario: abr-jun y sep: 11.00-18.00
lu-do; jul y ago: 11.00-19.00 lu-do; oct:
14.00-18.00 sá y do ▪ Se cobra entrada
▪ www.chateaude crevecoeur.com

El castillo, al que se pasa por un
puente, sobrevive en el centro del
sitio.

⑥ Château du Champ-de-Bataille, Le Neubourg
MAPA G4 ▪ Horario: abr-jun y sep-oct:
14.00-18.00 mi-do; jul y ago: 14.00-
18.30 diario ▪ Se cobra entrada ▪ www.
chateauduchampdebataille.com

El propietario de este castillo es el
diseñador Jacques Garcia. Se pueden
visitar las cocinas y los jardines.

⑦ Château de Fontaine-Henry
MAPA D3 ▪ Horarios variables, consultar
página web ▪ Se cobra entrada ▪ www.
chateaudefontainehenry.com

Los enormes tejados inclinados de
este castillo renacentista son más
altos que sus murallas.

⑧ Le Domaine d'Harcourt
MAPA G4 ▪ Horario: 15 jun-15
sep: lu-do; mar-15 jun, 15 sep-15-nov:
mi-lu tardes ▪ Se cobra entrada
▪ www.harcourt-normandie.fr

Castillo medieval con foso, y casa de
la familia Harcourt, tiene un arboreto
de 1802.

⑨ Château de Creully
MAPA D3 ▪ 07 89 05 19 12
▪ Horario: jun-ago: lu-vi ▪ Se cobra
entrada

Es dea la misma familia desde 1613 y
mantiene la decoración estilo Luis XIII.

⑩ Château de Pontécoulant
MAPA D4 ▪ 02 31 69 62 54
▪ Horario: abr y oct-15 nov: ma-do
tardes; may-sep: 10.30-12.00 y 14.30-
18.00 ma-do ▪ Se cobra entrada

Construido entre los siglos XVI y XVIII,
está rodeado de unos jardines muy
bien cuidados.

Edificios religiosos

1 Abbaye d'Ardennes, Caen

MAPA D3

Durante la batalla de Normandía, 23 soldados canadienses fueron ejecutados en esta abadía del siglo XII a las afueras de la ciudad. En los jardines, un monumento les rinde homenaje. La iglesia, parcialmente en ruinas, es un buen ejemplo de gótico normando.

2 Abbaye St-Martin-de-Mondaye, Juaye-Mondaye

MAPA D3

Los monjes de esta pequeña congregación admiten visitantes que quieran hacer un retiro espiritual. En verano también organizan conciertos en esta hermosa abadía del siglo XVIII.

3 Prieuré de St-Gabriel, Brécy

MAPA D3

Esta edificación de piedra color miel, en torno a un claustro, heredera de la antigua Trinité de Fécamp *(ver p. 52)* ahora alberga una escuela de horticultura. Solo se visita el exterior.

4 St-Pierre, Thaon

MAPA D3

Esta imponente iglesia del siglo XII, hoy en desuso, es una verdadera joya de la arquitectura románica.

5 Église Abbatiale, St-Pierre-sur-Dives

MAPA E4

La franja de cobre en el suelo de esta iglesia señala por donde entra el sol. En su día formó parte de una abadía aún más grande *(ver p. 38).*

St-Pierre-sur-Dives

6 Ste-Foy, Conches-en-Ouche

MAPA G4

Esta iglesia gótica flamígera *(ver p. 98)* posee unas de las mejores vidrieras de Normandía. El chapitel es réplica del original, destruido en 1842 por una tormenta.

7 Abbaye-aux-Hommes, Caen

MAPA L2

Románica *(ver p.53),* la mandó construir Guillermo el Conquistador. Las visitas guiadas incluyen el claustro.

Abbaye-aux-Hommes, Caen

8 Abbaye Notre-Dame, Le Bec-Hellouin

MAPA G3

Al entrar al pueblo, por el sur, la vista de la abadía *(ver p.52)* es magnífica. El refectorio ahora es una sencilla iglesia bajo cuyo altar reposan los restos mortales de su fundador.

9 Notre-Dame, Louviers

MAPA H3

La ciudad de Louviers es un importante centro de producción textil desde el siglo XIII. La iglesia, profusamente decorada, es un reflejo de esta prosperidad tardía.

10 Notre-Dame, Verneuil-sur-Avre

MAPA G5

Construida con una piedra rojiza llamada *grison*, esta iglesia es famosa por las estatuas del siglo XVI *(ver p. 98).*

Ver mapa en pp. 92-93

Pueblos

Ruinas en Beaumont-le-Roger

1 Beaumont-le-Roger
MAPA G4 ■ Office de Tourisme:
6 Pl de l'Eglise; 02 32 44 05 79

Los desolados restos de este priorato del siglo XIII y la parroquia de San Nicolás son los mayores atractivos de este pueblecito rivereño.

2 Bernay
MAPA F4 ■ Office de Tourisme:
29 Rue Thiers; 02 32 44 05 79

Tiene varias construcciones con entramado de madera de lo más pintoresco (en Rue Gaston-Follope), un museo y una abadía que se comenzó a construir en el año 1013.

3 Brionne
MAPA G3 ■ Office de Tourisme:
1 Rue du Général-de-Gaulle; 02 32 44 05 79

Excelente punto de partida para explorar el valle del Risle, sobre este pueblo mercante se alza una fortaleza del siglo XI.

4 Clécy
MAPA D4 ■ Office de Tourisme:
Pl du Tripot; 02 31 79 70 45

Este hermoso pueblecito de piedra de la Suiza normanda *(ver p. 95)* tiene una maqueta ferroviaria *(ver p. 68)* y bastantes actividades de ocio vacacional.

5 Conches-en-Ouche
MAPA G4 ■ Office de Tourisme: 2 Rue Pierre Mendès France; 02 32 30 32 98

Hay varias casas medievales y una iglesia con hermosas vidrieras.

6 Orbec
MAPA F4 ■ Office de Tourisme:
2 Bis Rue de Verdun; 02 31 48 18 10

Este pueblo encantador tiene edificios antiguos preciosos, como la Vieux Manoir de 1563, en la Rue Grande.

7 Pont-Audemer
MAPA F3 ■ Office de Tourisme:
11 Rue Thiers; 02 32 41 08 21

Aunque en los alrededores no hay gran cosa, el centro está lleno de casas con entramado de madera.

8 Verneuil-sur-Avre
MAPA G5 ■ Office de Tourisme:
129 Pl de la Madeleine; 02 32 32 17 17

Este pueblo en la antigua frontera franconormanda es famoso por el uso del ladrillo en sus edificios, la Tour Grise, del siglo XIII, y la imponente torre de la Église de la Madeleine.

9 Beuvron-en-Auge
MAPA E3 ■ Office de Tourisme:
2 Esplanade Woolsery ■ 02 31 39 59 14

Puede decirse que es el pueblo más hermoso del Pays d'Auge *(ver p. 38)*.

10 Cormeilles
MAPA F3 ■ Office de Tourisme:
21 Pl du Général de Gaulle; 02 32 56 02 39

Cormeilles no se vio demasiado afectada por la guerra. Los viernes se celebra un animado mercado, y también tiene una destilería de Calvados *(ver p. 39)*.

Una calle histórica en Cormeilles

Dónde comer

1 Ivan Vautier, Caen
MAPA D3 ▪ 3 Ave Henry Chéron ▪ 02 31 73 32 71 ▪ Cerrado do noche, lu y 3 semanas en ago▪ €€€
Ivan Vautier ha sido galardonado con una estrella Michelin por su innovadora versión de platos tradicionales normandos, como la paloma asada o el tartar de langostinos.

2 Au P'tit Bistrot, Bayeux
MAPA D3 ▪ 31 Ter Rue Larcher ▪ 02 31 51 85 40 ▪ Cerrado do y lu ▪ €€
Este acogedor restaurante, a tiro de piedra de la catedral, ofrece un variado menú de deliciosos platos estacionales.

3 Auberge des Deux Tonneaux, Pierrefitte-en-Auge
MAPA E3 ▪ Le Bourg ▪ 02 31 64 09 31 ▪ Cerrado lu y ma ▪ €
En esta posada del siglo XVII se puede disfrutar de vistas espectaculares y cocina tradicional, como el cochinillo asado.

4 Au P'tit Normand, Cambremer-en-Auge
MAPA E4 ▪ Pl de l'Église ▪ 02 31 32 03 20 ▪ Cerrado jun-ago: do noche; sep-may: do y lu ▪ €
Este recogido bistró es famoso por sus *terrines* caseras, las ensaladas mixtas y los platos tradicionales normandos.

5 Belle Île-sur-Risle, Pont-Audemer
MAPA F3 ▪ 112 Rte de Rouen ▪ 02 32 56 96 22 ▪ Cerrado med nov-ene ▪ €€
Es el restaurante de un elegante hotel ubicado de una antigua mansión en una romántica isla privada. La *pastila de lapin* (pastel de conejo en pasta filo) es magnífica.

6 Les Vapeurs, Trouville
MAPA E3 ▪ 160-162 Quai Fernand Moureaux ▪ 02 31 88 15 24 ▪ €
Los *moules frîtes* (mejillones con patatas fritas), los postres y los refrescantes vinos blancos garantizan el lleno total en este establecimiento.

El famoso restaurante Les Vapeurs

7 Le Bréard, Honfleur
MAPA F3 ▪ 7 Rue du Puits ▪ 02 31 89 53 40 ▪ Cerrado lu mediodía, mi y ju (jul y sep: lu-do, noche) ▪ €€
Especializado en platos gourmet de presentación impecable elaborados con ingredientes de proximidad.

8 Le Bistrot d'à Côté, Port-en-Bessin
MAPA C3 ▪ 12 Rue Michel Lefournier ▪ 02 31 51 79 12 ▪ Cerrado lu, ju mediodía ▪ €
La decoración es de lo más apropiada para este bistró portuario. El marisco, delicioso, es fresquísimo.

9 La Ferme de la Haute Crémonville, St-Étienne-du-Vauvray
MAPA H3 ▪ Rte de Crémonville ▪ 02 32 59 14 22 ▪ Cerrado mi noche, sá mediodía, do ▪ €€
En una granja tradicional, este sitio sirve sabrosos platos de cocina local.

10 La Fine Fourchette, Falaise
MAPA E4 ▪ 52 Rue Georges Clemenceau ▪ 02 31 90 08 59 ▪ Cerrado ma y mi ▪ €€
Platos normandos muy refinados.

Ver mapa en pp. 92-93

TOP 10 Noroeste de Normandía

El noroeste de Normandía es un mundo aparte. La península del Cotentin se adentra en el Canal de la Mancha, salpicada de pintorescos puertos y largas playas vírgenes. Los alcatraces y las pardelas sobrevuelan promontorios salvajes en los que sopla el viento. La orgullosa herencia marítima del Cotentin es evidente, sobre todo en el importante puerto estratégico y base naval de Cherburgo. En la Edad Media, los descendientes de los colonos norteños zarparon de aquí para fundar reinos en Sicilia y el sur de Italia. Más al sur, en el corazón de la región, que comprende el *département* de la Mancha, se halla el paisaje marismeño del Marais du Cotentin et du Bessin, un paraíso para los amantes de la naturaleza. Hay prados y arboledas (*bocage*), y el encantador río Vire, que parece hecho solo para su disfrute.

Talla pintada en la catedral de Coutances

NOROESTE DE NORMANDÍA

1 Imprescindible
ver pp. 103-105

1 Dónde comer
ver p. 109

1 Y además…
ver p. 106

1 Lo esencial de la costa del Cotentin
ver p. 107

1 Actividades en familia
ver p.108

Rossiare
Poole, Portsmouth
Cherbourgo-Maupertus
Cherbourgo
Barfleur
Península de la Hague
St-Vaast-la-Hougue
Flamanville
Les Pieux
Négreville
Valognes
Playa de Utah
Bricquebec
St-Sauveur-le-Vicomte
Ste-Mère-Église
Barneville-Carteret
Portbail
Parc Régional des Marais du Cotentin
Carentan
Isigny-sur-Mer
Playa de Omaha
Colleville-sur-Mer
Bayeux
Lessay
St-Jean-de-Daye
Tournières
Tilly-sur-Seulles
Périers
Marchésieux
St-Lô
CALVADOS
La Vacquerie
Gouville-sur-Mer
Gratot
Coutances
Villers-Bocage
Montmartin-sur-Mer
Vallée de la Vire
MANCHA
La Ferrière-Harang
Trelly
Abbaye de Hambye
Percy
Campeaux
Le Bény-Bocage
Iles Chausey
Bréhal
Pays de Bocage
Vassy
Granville
Vire
La Haye-Pesnel
Villedieu-les-Poêles

0 km   10

Páginas anteriores Parte alta de Granville

Playa de Utah
MAPA B3

El 6 de junio de 1944, el Día D, la costa este de la península del Cotentin, bajo el nombre clave de Playa de Utah, recibió el desembarco de miles de tropas americanas apoyadas por paracaidistas que aterrizaron tierra adentro, en la zona de Ste-Mère-Eglise.

Cherburgo
MAPA B2 ▪ Office de Tourisme:
56 Quai Caligny; www.encotentin.fr

En Cherburgo, cuyo nombre en francés completo es Cherbourg-en-Cotentin, hay más de lo que parece. Cabe destacar La Cité de la Mer *(ver p. 54)*, el acuario más profundo de Europa. Para disfrutar de una buena vista del puerto se puede conducir hasta lo alto de la colina Fort du Roule, donde está el Musée de la Libération, que cuenta los acontecimientos que llevaron a la liberación de la ciudad el 27 de junio de 1944. La parte más ajetreada es la plaza del mercado, Pl. Général-de-Gaulle, así como las Rue Tour-Carrée y Rue de la Paix. La colección del Musée Thomas-Henry (meds mar-dic) incluye retratos de Jean-François Millet *(ver p. 48)*. También se puede visitar el Musée d'Histoire Naturelle.

Península de la Hague
MAPA A2 ▪ Office de Tourisme:
Port de Goury, Auderville; 08 05 32 02 00

Tranquila y encantadora en cualquier día soleado de primavera, dura y con mucho viento durante las tormentas de invierno, la punta más alejada del Cotentin tiene una belleza abrumadora. Los pueblos de piedra, los majestuosos acantilados, las rocas escarpadas y las calas escondidas recuerdan más a Bretaña que a Normandía. La enorme planta nuclear del centro de la región no le resta mucha belleza a la gloriosa costa *(ver p. 105)*.

La iglesia de la abadía de Lessay

Lessay
MAPA B3 ▪ Office de Tourisme:
11 Pl St-Cloud; 02 33 45 14 34

El sencillo y suave contorno de la iglesia de la abadía de Lessay, St-Trinité, la convierte en uno de los edificios románicos más bellos de toda Normandía. Edificada en 1098, fue casi destruida en 1944, pero ha sido reconstruida empleando los materiales originales. El interior es sobrio y encantador, repleto de vidrieras que añaden calidez a la escena. La tranquila Lessay es también famosa por el ameno Foire de Sainte-Croix *(ver p. 81)*, una antigua feria agrícola de 3 días que suele celebrarse en septiembre.

La escarpada península de la Hague

⑤ Villedieu-les-Poêles

MAPA B5 ■ **Office de Tourisme:** 8 Pl des Costils; www.ot-villedieu.fr

Desde el siglo XIII, este pueblecito ha sido la capital del cobre. Por todas partes se venden ollas y sartenes. En el Atelier de Cuivre se puede ver trabajar a los artesanos, y en la Fonderie des Cloches se mira cómo se fabrican las campanas (algunos elementos son arcilla, boñigas de caballo y pelo de cabra). Otro aspecto de la artesanía local, el encaje, se explica en detalle en la Maison de la Dentellière.

⑥ Coutances

MAPA B4 ■ **Office de Tourisme:** 6 Rue Milon; www.tourisme-coutances.fr

Este rincón aislado de Francia tiene una gran catedral. En el siglo XIII se construyó una nueva edificación gótica normanda sobre los restos de la anterior, de estilo románico, destrozada tras un incendio. El notable cimborrio octagonal alcanza los 41 m de altura. Cuenta con varias torres, chapiteles y arcos apuntados que se alzan hacia el cielo. En el pueblo en sí, el florido Jardin des Plantes es el escenario perfecto para algunos de los conciertos que tienen lugar durante el festival Jazz sous les Pommiers, en mayo *(ver p. 80).*

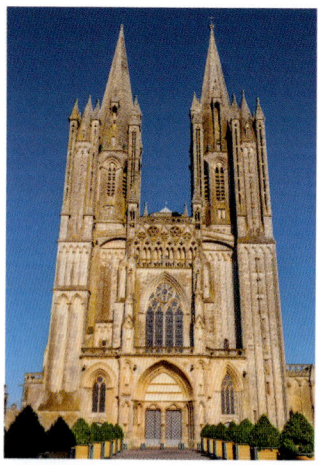

Catedral de Notre-Dame, Coutances

> **LE BOCAGE**
>
> Un extenso paisaje donde se mezclan los prados y los bosques, laderas rematadas por densas espesuras, atravesado por carreteras angostas… Todo esto es el *bocage* que cubre buena parte de Normandía, sobre todo en la zona de St. Lô y Vire. Bucólico en tiempos de paz, este tipo de paisaje resultó una pesadilla para los Aliados en 1944, pues el avance hacia el enemigo era casi imposible.

Presbiterio sin techo de Hambye

⑦ Abbaye de Hambye

MAPA B4 ■ **Horario: abr-sep:** 10.00–12.00 y 14.00–18.00; jul y ago: 10.00–18.00 diario ■ **Se cobra entrada**

Encajada entre las escarpaduras del Sena, los restos sin techo de la abadía de Hambye aportan una calma inmediata a los visitantes. En los edificios monásticos restaurados de esta abadía benedictina del siglo XII hoy hay exposiciones y conciertos.

⑧ Vallée de la Vire

MAPA C4 ■ **Office de Tourisme:** 60 Rue de la Poterne, Saint-Lô; 02 14 29 00 17

A medida que serpentea hacia el mar, el río Vire atraviesa varios esquistos de granito que forman un lazo de agua en medio del glorioso paisaje. Caminos de sirga rodean la mayor parte del río entre Vire y St-Lô; en ellos se puede hacer pícnic, montar en bicicleta, dar paseos o cabalgar. En Condé-sur-Vire se puede ir en canoa, mientras que en Roches de Ham se alza sobre el río una pared rocosa de 80 m de alto con unas vistas magníficas de todo el valle. En verano abre una acogedora *crêperie* que también sirve sidra. Cerca se encuentra la gran capilla del pueblo de La Chapelle-sur-Vire, lugar de peregrinación desde el siglo XII. En Torigni-sur-Vire, el Château des Matignon alberga una estupenda colección de tapices.

⑨ Granville

MAPA B5 ■ Office de Tourisme: 2 Rue Lecampion; 02 33 91 30 03

A primera vista, Granville parece un emplazamiento extraño para una de las localidades costeras más famosas de Normandía *(ver p. 67)*. Unas murallas rodean la parte superior del pueblo, que descansa en un ramal rocoso por encima de la Baie du Mont-St-Michel. El pueblo surgió a partir de las fortificaciones que construyeron los ingleses en 1439 como parte de un asalto contra el Mont-Saint-Michel. En el pueblo hay barcos que organizan paseos a las islas Chausey.

⑩ Parc Régional des Marais du Cotentin

MAPA B3 ■ Espace de Découverte: Les Ponts d'Ouve, St-Côme-du-Mont; 02 33 71 65 30; www.parc-cotentin-bessin.fr

El conjunto de marismas y praderas de agua que discurre por toda la base de la península del Cotentin forma un parque regional lleno de aves y casitas hechas de arcilla y paja. Se entra por el pueblo de Carentan, con un centro de recepción en Les Ponts d'Ouve en la D913, en medio de un paisaje acuoso. Se puede recorrer a pie o en barca.

Parc Régional des Marais du Cotentin

Ver mapa en p. 102 ←

UN DÍA EN EL COTENTIN

▶ MAÑANA

Sal de Cherburgo por la D901 en dirección a **St-Pierre-Église**. Tras 15 km, gira en la D355 en dirección al hermoso **Le Vast**, en el corazón del encantador **Val de Saire**. Haz una parada para comprarte una *brioche du Vast* en La brioche du Vast *(12 les Moulins)*. Sigue el río por la D25 hasta **Valcanville** y luego por la D125 hasta **La Pernelle**. Sube la empinada colina de granito hasta la iglesia y disfruta del hermoso paisaje de la costa.

En **St-Vaast-la-Hougue** *(ver p. 106)* puedes parar a comer marisco delicioso en el restaurante favorito del lugar, **La Bisquine** *(33 Quai Vauban)*. Después, hazte con comida y vino en el emporio familiar **Gosselin**, abierto desde 1889. Si te queda tiempo, ve a visitar **Île de Tatihou**, frente a la costa *(ver p. 106)*.

TARDE

Desde St-Vaast no se tarda mucho por la D14 hasta **Quineville**. De ahí sigue la D421 paralela a la costa que lleva hasta la **playa de Utah**, donde podrás contemplar los acontecimientos de junio de 1944 *(ver pp. 34-37)*. Tras un tonificante paseo por la playa y las dunas, dirígete a **Ste-Mère-Église** y su iglesia. Quizá puedas parar a picar algo en la Brasserie la Libération en la Rue Géneral-de-Gaulle.

Desde Ste-Mère-Église, internáte en el corazón de las marismas del Cotentin y acaba el día a orillas del Douve en **Les Moitiers-en-Bauptois**.

Y además...

① Valognes

MAPA B2 ▪ Office de Tourisme: 25 Rue de l'Eglise ▪ 08 05 32 02 00

A pesar de los daños que sufrió en 1944, aún mantiene restos de sus días pasados, cuando se la conocía como la «Versalles del Norte», incluido el Hôtel de Beaumont, una espléndida mansión del siglo XVIII.

② Portbail

MAPA A3 ▪ Office de Tourisme: 26 Rue Philippe Lebel; 08 05 32 02 00

Un pueblo encantador con dos estupendas playas. En verano tiene un excelente mercado los martes.

③ Barneville-Carteret

MAPA A3 ▪ Office de Tourisme: 3 Ave de la République; 08 05 32 02 00

Abarca los pueblos de Barneville, Carteret y Barneville-Plage *(ver p. 66).* Se puede dar un vigorizante paseo por su cabo rocoso, llamado Cap de Carteret.

④ St-Sauveur-le-Vicomte

MAPA B3 ▪ 02 33 41 65 18 ▪ Museo: Horarios: jul-med sep: 13.00-18.00 ma-sá ▪ Se cobra entrada

Este castillo del siglo XII alberga el Musée Barbey-d'Aurevilly, dedicado al novelista del siglo XIX *(ver p. 50),* oriundo de la localidad.

⑤ St-Vaast-la-Hougue y la Île de Tatihou

MAPA B2 ▪ Office de Tourisme: 41 Quai Vauban; 0805 320 200

El muelle de este puerto se fortificó tras la derrota francesa de 1692, al igual que la Île de Tatihou. Hoy tiene un jardín, un puesto de observación de aves y un museo marítimo.

⑥ Abbaye de Cerisy-la-Fôret

MAPA C3 ▪ Horarios: abr: 11.00-18.00 ma-do; may-ago: 10.00-18.00 diario; sep: 11.00-18.00 diario; oct: 12.00-18.00 sá y do ▪ Se cobra entrada

El duque Roberto I el Magnífico fundó esta abadía benedictina en 1032. Las ruinas de la enorme nave recuerdan la importancia que tuvo este monasterio.

⑦ St-Lô

MAPA C4 ▪ Office de Tourisme: 60 Rue de la Poterne; 02 14 29 00 17

La capital de la zona sufrió graves daños durante la Segunda Guerra Mundial, tal y como se ve en los monumentos. El Musée des Beaux-Arts expone grandes obras.

⑧ Château de Gratot

MAPA B4 ▪ Abierto todos los días ▪ Se cobra entrada ▪ www.chateaugratot.com

Las ruinas de este *château* descansan en medio de la tranquila campiña.

⑨ Ste-Mère-Église

MAPA B3 ▪ Office de Tourisme: Rue Eisenhower; 02 33 21 00 33

La iglesia es famosa por la película *El día más largo.* El Ferme Musée du Cotentin informa sobre la vida rural de principios del siglo XIX. Hay un museo a la Segunda Guerra Mundial.

⑩ Château de Pirou

MAPA B4 ▪ Horarios variables, consultar página web ▪ Se cobra entrada ▪ www.chateau-pirou.fr

Esta fortaleza del siglo XII está en una isla en medio de un lago artificial.

Île de Tatihou

Lo esencial de la costa del Cotentin

Lo costa salvaje de Val de Saire

① Val de Saire
MAPA B2

Este agradable valle *(ver p. 71)* al este de Barfleur presenta un agudo contraste con su escarpada línea de costa.

② Querqueville
MAPA A2

Junto a la iglesia en lo alto de una colina, rodeada de un cementerio con elaboradas lápidas de mármol, está St-Germain, una capilla del siglo X, la más antigua del oeste de Francia.

③ Château de Nacqueville
MAPA A2 ■ Horarios: may-sep: 12.00-17.00 ju-vi-sá y festivos ■ Se cobra entrada ■ www.nacqueville.com

Mayo y junio, cuando florecen los rododendros, son los meses ideales para visitar el jardín de este *château* del siglo XVI.

④ Gruchy
MAPA A2

En este pueblecito costero está la humilde casa donde nació Jean François Millet *(ver p. 48)*, abierta en verano. Paseando se llega al Rocher du Castel-Vendon, que Millet retrató en un cuadro que hoy está en el Musée Thomas-Henry de Cherburgo *(ver p. 103)*.

⑤ Port Racine
MAPA A2

De camino a Cap de la Hague, el puerto más pequeño de Francia está bajo la carretera. Desde aquí hay indicaciones a los Jardins Prévert, un oasis en la punta de un agreste valle.

⑥ Îles Chausey
MAPA A4

Un grupo de diminutas islas e isletas en medio del Canal. La más grande, Grande Île, tiene playas extensas de arena y cuenta con un único hotel.

⑦ Omonville-la-Petite
MAPA A2

El cementerio de la iglesia tiene la lápida sin marcar de la tumba del poeta Jacques Prévert, así como las tumbas de su esposa y su hija. Cerca del cementerio está su casa *(ver p.51)*.

⑧ Barfleur
MAPA B2

Se dice que el navío en el que Guillermo el Conquistador partió a invadir Inglaterra se construyó en este puerto pesquero *(ver p. 56)*. El faro, en Gateville, es uno de los más altos de Francia. Tiene 365 escalones que vale la pena subir por las vistas.

Barcas en la marea baja de Barfleur

⑨ Vauville
MAPA A2

Las dos lugares de interés son los jardines subtropicales del Château de Vauville y una hermosa playa, perfecta para practicar carrovelismo *(ver p. 68)*.

⑩ Nez de Jobourg
MAPA A2

La desolada Baie d'Ecalgrain se extiende hasta un impresionante promontorio. Desde allí, la planta nuclear Usine Atomique de la Hague domina todo el camino hasta Vauville.

Ver mapa en p.102 ←

Actividades en familia

① L'Attelage des Grandes Marées, Gouville-sur-Mer

MAPA B4 ▪ Reservar: oficina de turismo; 1 Rue du Nord; 02 33 19 08 10

Con la marea baja se puede visitar en carro este criadero de ostras.

Exposición en La Cité de la Mer

② La Cité de la Mer, Cherburgo

La vieja Gare Maritime Transatlantique *(ver p. 54)* de Cherburgo es ahora un museo dedicado a la conquista de las profundidades marinas. No se permite la entrada a menores de 6 años.

③ Paseos en tren

Train du Cotentin: MAPA A3; 02 33 04 70 08 ▪ Mini-train des Marais: MAPA C3–B3; 06 35 92 53 05

El Train Touristique du Cotentin va de Carteret a Portbail, y hay un minitren que atraviesa las marismas desde Saint Martin d'Aubigny hasta Periers.

④ Hangar à Dirigeables

MAPA B3 ▪ La Bazirerie, Écausseville ▪ 02 33 08 56 02 ▪ Horario abr-med nov: 14.00-18.00 diario (jul y ago: desde 10.00) ▪ Se cobra entrada

Este encantador laberinto gigante permite descubrir leyendas locales.

⑤ Deportes acuáticos

Jolie France: 02 33 50 31 81; vedettesjoliefrance.com ▪ Cherburgo: www.encotentin.fr

El *Jolie France* navega desde Granville a la Grand Île de Chausey *(ver p. 107)*. En Cherburgo hay un gran abanico de actividades, desde kayak a cruceros.

⑥ Île de Tatihou

Los niños disfrutan con la nave anfibia que llega a esta isla diminuta con una fascinante historia. Está cerca de St-Vaast-la-Hougue *(ver p. 106)*.

⑦ Musée de Vire

MAPA C5 ▪ Square du Canon Jean Héroult, Vire ▪ 02 31 66 66 50 ▪ Horario: abr-oct: 10.00-12.30 y 14.00-18.00 mi-do ▪ Se cobra entrada

Este museo, ubicado en el Hôtel-Dieu del siglo XVIII, recorre la historia de Vire a través de muestras interactivas, maquetas y proyecciones, además de exposiciones temporales.

⑧ Ferme aux 5 Saisons, Flamanville

MAPA A2 ▪ 06 80 66 34 77 ▪ Horario: jul y ago: después del mediodía lu-vi ▪ Se cobra entrada

Aquí es posible manejar una prensa de manzanas, visitar a los animales o cocer pan para la hora del té.

⑨ Vélorail, Vallée de la Vire

MAPA C4 ▪ Condé-sur-Vire ▪ Horarios: abr-sep: sá y do (jul y ago: diario); oct-mar: reservar con antelación ▪ www.velorail-normandie.fr

Se puede ir por las antiguas vías del tren en un vehículo a pedales.

⑩ Musée Christian Dior

MAPA B5 ▪ Les Rhumbs, Granville ▪ Horarios: may-sep: diario; oct: ma-do ▪ Se cobra entrada ▪ www.musee-dior-granville.com

La casa donde creció Dior expone sus diseños, y los de otros modistos.

Musée Christian Dior

Dónde comer

1 Bistro Bouche, Cherburgo

MAPA B2 ▪ 25 Tour Carrée ▪ 02 33 04 25 04 ▪ Cerrado do ▪ €

Acogedor interior, servicio encantador y platos típicos franceses sencillos pero bien preparados; este pequeño bistró siempre está lleno de gente.

2 Le Moulin à Vent, St-Germain-des-Vaux

MAPA A2 ▪ Hameau Danneville ▪ 02 33 52 75 20 ▪ Cerrado vi y sa ▪ €€€

Gloriosas vistas y marisco fresco a precio razonable en este bonito restaurante.

3 La Marine, Barneville-Carteret

MAPA A3 ▪ 11 Rue de Paris ▪ 02 33 53 83 31 ▪ €€

Los platos de este hotel restaurante con vistas al muelle abarcan desde clásicos franceses como el *foie-gras* de pato a recetas más modernas.

4 Ferme de Malte, Villedieu-les-Poêles

MAPA B5 ▪ 11 Rue Tétrel ▪ 02 33 91 35 91 ▪ Cerrado mi, do, lu noche, Mon ▪ €€

Este elegante restaurante pertenece a la Orden de los Caballeros de Malta, que tienen un gran vínculo con el pueblo. Se especializa en pescado y cuenta con dos salones comedores.

5 Verte Campagne, Trelly

MAPA B4 ▪ 02 33 47 65 33 ▪ Cerrado mi ▪ €

Con un abanico suficientemente ámplio de menús para adaptarse a todo tipo de bolsillos, este restaurante se ubica en una granja rústica cubierta de hiedra *(ver p. 130).*

6 Auberge des Grottes

MAPA E4 ▪ 8 Rue des Falaises ▪ 02 33 52 71 44 ▪ Cerrado ma y do noche ▪ €

Ubicado justo en la punta del Cap de la Hague, este restaurante presenta unas vistas espectaculares. El marisco está estupendo.

7 La Plancha, Agon-Coutainville

MAPA B4 ▪ 77 Rue Dramard ▪ 02 33 47 26 77 ▪ Cerrado lu y ma (sep-jun), med nov-med dic ▪ €

Esta moderna *brasserie* tiene vistas al mar y un original menú de marisco fresco y fuentes de pescado.

8 La Bohème, Barfleur

MAPA B2 ▪ 1 Rue Saint-Thomas Becket ▪ 02 14 14 43 18 ▪ Cerrado lu ▪ €

La Bohème cuenta con excelentes *galettes* y *crêpes*, así como con vistas al muelle y terraza exterior.

La Ferme des Mares

9 La Ferme des Mares, Saint-Germain-sur-Ay

MAPA B3 ▪ 02 33 17 01 02 ▪ Cerrado lu-sá mediodía, do noche ▪ €

En su día una granja normanda fortificada, hoy sirve el mejor pescado de la zona, cordero y quesos tradicionales.

10 L'Auberge, Mesnil-Rogues

MAPA B4 ▪ 02 33 61 37 12 ▪ Horarios variables, llamar con antelación ▪ €

En este acogedor *auberge* se asan jamones y patas de cordero. Los platos de pescado son excelentes.

Ver mapa en p. 102 ←

TOP 10 Sur de Normandía

Desde la asombrosa estampa que presenta el Mont-Saint-Michel, que aparece como un milagroso espejismo en medio de la llanura que lo rodea, a la elegancia equina del criadero nacional de caballos de Haras du Pin, pasando por el encanto del romántico Château d'Ô; esta región, que comprende el *département* de Orne y la parte sur de la Mancha, es tan variada como repleta de historia. El paisaje es igualmente dispar: la escarpada belleza del Pays d'Alençon, en el Parc Régional de Normandie-Maine, con altas cumbres cubiertas de densas arboledas; la boscosa Mortainais, con empinados valles y hermosas cataratas; las agradables praderas de Le Perche, salpicadas de frescos y profundos bosques; las estrechas sendas y hermosos pueblos floridos del Pays du Bocage Ornais y, por último, las marismas saladas de la Baie du Mont-Saint-Michel.

Manuscrito del Mont-Saint-Michel, Scriptorial d'Avranches

SUR DE NORMANDÍA

(mapa)

1 Imprescindible
ver pp. 111-113

1 Dónde comer
ver p. 117

1 Eventos culturales
ver p. 116

1 Museos y actividades
ver p. 115

1 Pueblos
ver p. 114

1 Avranches

MAPA B5 ▪ Office de Tourisme: 2 Rue du Général de Gaulle ▪ 02 33 58 00 22

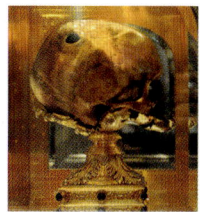

Cráneo de san Auberto, Avranches

Avranches tiene un largo e histórico vínculo con el Mont-Saint-Michel *(ver pp. 12-15)*, al otro lado de su bahía (una de las mejores vistas se obtiene en el Jardin des Plantes). San Auberto, que fundó la abadía local, fue obispo de Avranches. Su cráneo, donde se aprecia el agujero que le hizo el dedo del arcángel san Miguel, está en la Basilique de St-Gervais et St-Protais. En un anexo del antiguo palacio episcopal, el Musée d'Avranches contiene hermosas colecciones de esculturas y arte religioso medievales. En el Scriptorial d'Avranches hay manuscritos del Mont-Saint-Michel del siglo VIII.

2 Mont-Saint-Michel

A pesar de ser el paisaje más fotografiado de toda Francia, la belleza etérea de esta abadía *(ver pp. 12-15)* es capaz de quitar el sentido.

3 Alençon

MAPA E6 ▪ Office de Tourisme: Maison d'Ozé, Pl de la Magdeleine; www.visitalencon.com

Este bonito pueblo fue famoso por su encaje entre los siglos XVII y XVIII. El Musée des Beaux-Arts et de la Dentelle expone varios, y tiene información sobre toda la industria del mismo con cuadros y artefactos de Camboya. Hasta la mampostería de la fachada de la Église de Notre-Dame parece un encaje. Dentro está la capilla de santa Teresita, nacida aquí.

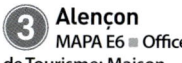

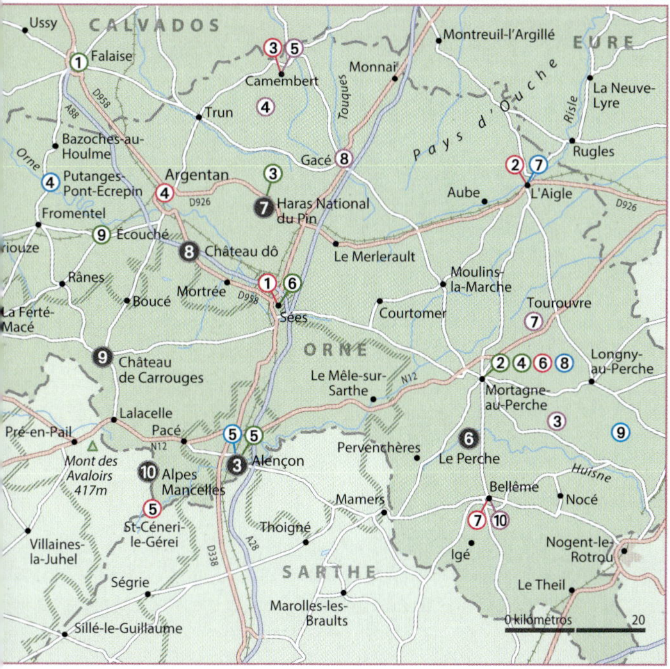

④ Bagnoles-de-l'Orne
MAPA D5 ▪ Office de Tourisme: Pl du Marché; www.bagnolesdelorne.com

En lo alto de la Roc au Chien se ve este pueblo reconvertido en balneario y lleno de leyendas *(ver p. 66)*. El lago, el casino, el parque y las avenidas llenas de elegantes casas se construyeron para los ricos que vinieron a disfrutar de las aguas en el siglo XIX. El Établissement Thermal, un impresionante edificio de la *belle époque*, aún recibe visitantes.

⑤ Parc Naturel Régional de Normandie-Maine
MAPA D5-E5 ▪ Maison du Parc: Carrouges ▪ 02 33 81 13 33 ▪ Horario: abr-oct: 10.00-13.00 y 14.00-18.00 diario

Este enorme parque natural, con un paisaje escarpado y bosques en el *haut pays* de los Alpes Mancelles, así como las altas colinas, *bocage* y terreno abierto del *bas pays* en Saosnois, Alençon y Sees, *(ver p. 60)* se interna en el sur del Pays-de-Loire. En la Maison du Parc en Carrouges hay mapas e itinerarios.

⑥ Le Perche
MAPA G6-H6 ▪ Manoir de Courboyer, Nocé; www.parc-naturel-perche.fr

Esta zona es famosa por sus mansiones y sus caballos percherones. Las mansiones de Perche son muy diferentes de las granjas normandas de entramado de madera. Son más bien construcciones defensivas, hechas de piedra, con torrecillas y torres. El paisaje que las rodea es agradable, lleno de colinas ondulantes, frondosos bosques y valles exuberantes. Los percherones (caballos de tiro de la región) que pastorean por la campiña añaden un toque de serenidad al conjunto. Mortagne y Bellême son

El majestuoso Haras National du Pin

Le Perche's Manoir de Courboyer

los pueblos principales de Perche *(ver p. 114)*.

⑦ Haras National du Pin
MAPA E5 ▪ Le Pin-au-Haras ▪ 02 33 36 68 68 ▪ Horarios variables, consultar página web ▪ Visitas guiadas cada media hora ▪ Se cobra entrada ▪ www.haras-national-du-pin.com

No hace falta ser aficionado a la hípica para quedar impresionado ante el estilo y esplendor del criadero nacional de caballos más antiguo y aristocrático de Francia, fundado a mediados del siglo XVII por Jean Baptiste Colbert con la aprobación del mismísimo Rey Sol. El diseño es de Pierre Le Mousseux. El enorme *château* y los elegantes establos rodean un patio con forma de herradura (El Patio de Colbert). Aquí se hacen espectáculos con caballos y carruajes todos los jueves de verano por la tarde. En las visitas guiadas se ven la forja, los cobertizos de los arreos y los establos, donde se crían más de 100 sementales.

CABALLOS DE NORMANDÍA

En las granjas de Orne, la Mancha y Calvados se crían y entrenan para competir los caballos de mayor calidad. Las cuatro razas principales son purasangres, caballos de carreras, vivaces y con carácter; trotones normandos, una raza mixta con una larga historia; cobs, robustos caballos de tiro; y percherones, ideales para el pesado trabajo agrícola.

⑧ Château d'O

MAPA E5 ■ Mortrée ■ 06 40 11 31 11 ■ Horarios variables: información disponible en la Office de Tourisme de Argentean

Con torretas de cuento de hadas y empinados tejados que se reflejan en las límpidas y verdes aguas del foso, este *château* del Renacimiento temprano es una belleza. Se construyó en los siglos XV y XVI; el ala oeste se añadió en el siglo XVIII, y ahora se vive aquí. Se puede pasear por el terreno o visitar el interior, con muebles de estilo dieciochesco.

Château d'Ô, Mortrée

⑨ Château de Carrouges

MAPA E6 ■ 02 33 27 20 32 ■ Horario: ene-abr y sep-dic: 10.00-12.30 y 14.00-17.00; may-ago: 10.00-12.45 y 14.00-18.00 diario ■ Se cobra entrada

Hasta que el estado lo adquirió en 1936, este imponente *château (ver p. 116)* había pertenecido a la familia Le Veneur de Tillières durante casi 500 años. Construido por Jean de Carrouges en el siglo XIV, tiene todos los rasgos de un gran *château*: foso, terrazas, jardines y una elegante torre de entrada del siglo XVI.

⑩ Alpes Mancelles

MAPA E6 ■ Office de Tourisme: 19 Ave du Docteur Riant, Fresnay-sur-Sarthe; www.tourisme-alpesmancelles.fr; Cerrado lu

Este escarpado paisaje lleno de valles y bosques se encuentra en el Parc Naturel Régional de Normandie-Maine, en el confín sur de Normandía. El Mont des Avaloirs, de 417 metros de altura, es el pico más alto del oeste de Francia. El pueblo más bonito es St-Céneri-le-Gérei *(ver p. 114).*

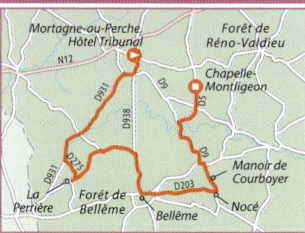

▶ **MAÑANA**

Sigue el Circuit du Patrimoine *(ver p. 114)* desde la Office de Tourisme del mercado antiguo en **Mortagne-au-Perche** *(pl du Général-de-Gaulle)*. Llegarás hasta la Église de Notre-Daame y podrás ver su glorioso retablo. Termina tomando un café en el **Hôtel Tribunal** *(ver p. 117).*

Sal de Mortagne-au-Perche por la D931 en dirección a Mamers. Gira a la izquierda en la D275 y sigue las indicaciones hasta **La Perrière**, un encantador pueblo de coloridas casitas y tentadoras *brocantes*, con unas vistas espectaculares. Ve por la RF225 y atraviesa el tranquilo **Forêt de Bellême** *(ver p. 62)* hasta la D931. Gira a la derecha en dirección a **Bellême** *(ver p. 114)*. Atraviesa el pueblo y gira a la derecha en la D203 a Nocé, donde podrás disfrutar de un excelente almuerzo en el **Auberge des Trois J** (1 Pl Docteur-Gireaux).

TARDE

Sal de Nocé por la D9 y haz una parada en las hermosas torrecillas de la **Manoir de Courboyer**, donde está la Maison du Parc du Perche. Puedes visitar la mansión y explorar el enorme terreno alrededor, que cuenta con huertos florales, estanques, caballos y burros. Vuelve a la D9, gira a la derecha en la D5 hasta llegar a la impresionante **Chapelle-Montligeon**, una enorme basílica de principios del siglo XX. Tras echar un vistazo y quizá desviarte un poco hacia el encantador **Forêt de Réno-Valdieu** *(ver p. 62)*, ve al restaurante **Le Montigleon** *(14 Rue Principale)* para cenar.

Ver mapa en pp. 110-111 ⬅

Pueblos

① Sées
MAPA E5 ■ **Office de Tourisme:**
Pl du Général-de-Gaulle; 02 33 28 74 79
Diócesis formada en el siglo IV, Sées tiene varios edificios religiosos: una catedral gótica con un bello interior, un antiguo palacio de obispo y una abadía.

② L'Aigle
MAPA F5 ■ **Office de Tourisme:**
Pl Fulbert de Beina; 02 33 24 12 40
Zona tradicionalmente metalúrgica, en este pueblo cada martes se celebra el mercado más grande de toda Normandía *(ver p.77)*. Merecen la pena la iglesia de San Martín y el *château*.

③ Camembert
MAPA E4 ■ **Office de Tourisme:**
Rue de la Renaissance
Popularizado por Napoleón III, el famoso queso es de aquí. Lo inventó Marie Harel *(c.1790)*. Algunas granjas usan su método tradicional.

④ Argentan
MAPA E5 ■ **Office de Tourisme:**
Pl du Marché; 02 33 67 12 48;
tourisme-terresdargentan.fr
Aparte del papel que tuvo a la hora de poner fin a la batalla de Normandía, evento que conmemora un monumento cercano, este pueblo es famoso por el encaje y las carreras de caballos.

⑤ St-Céneri-le-Gérei
MAPA E6
Uno de los 100 pueblos más bonitos de Francia, todo de piedra, desde el que se ve el río Sarthe, ha inspirado a generaciones de artistas *(ver p. 57)*.

⑥ Mortagne-au-Perche
MAPA F6 ■ **Office de Tourisme:**
Pl de Gaulle; 02 33 83 34 37
En su día capital de la región, y excelente punto base para explorarla, este ajetreado pueblo en lo alto de una colina es famoso por su budín negro.

⑦ Bellême
MAPA F6 ■ **Office de Tourisme:**
Blvd Bansard des Bois; 02 33 73 09 69
Fortificaciones en ruinas y casas de los siglos XVII y XVIII perfectamente conservadas sobre un espolón rocoso desde el que se ve un bosque. Hay una feria de setas a finales de septiembre.

⑧ Domfront
MAPA D5 ■ **Office de Tourisme:**
Pl de la Roirie; www.ot-domfront.com
En lo alto del Varenne Gorge, con vistas a los perales del Bocage Passais. Las murallas y el castillo evidencian la turbulenta historia del pueblo.

⑨ Mortain
MAPA C5 ■ **Office de Tourisme:**
4 Pl du Château; 02 33 59 19 74
Mortain está rodeada de bosques, granito y cascadas. Desde el centro del pueblo se puede dar un tranquilo paseo hasta las cascadas Grande y Petite.

⑩ Pontorson
MAPA B5 ■ **Office de Tourisme:**
Pl de l'Hôtel de Ville; 02 33 60 20 65
Portonson es una suerte de vía de acceso al Mont-St-Michel. Su iglesia del siglo XII es un precioso ejemplo de la arquitectura románica normanda.

St-Céneri-le-Gérei

Museos y actividades

Interior de la Église St-Julien

① Église St-Julien, Domfront
MAPA D5 ▪ Pl du Commerce
▪ Horario: 9.00-12.00 y 13.30-17.30
lu-mi y vi; 13.30-17.30 ju
Construida en 1926, tiene mosaicos
de estilo neobizantino.

② Ecomusée du Moulin de la Sée, Brouains
MAPA C5 ▪ 2 Le Moulin de Brouains
▪ 02 33 49 76 64 ▪ Horario: abr-jun y
sep-oct: 14.00-18.00 mi-do; jul-ago:
10.00-13.00 y 14.00-18.00 ma-do
▪ Se cobra entrada
Aquí está la gigantesca rueda de agua
que movía la maquinaria de esta
fábrica de papel a orillas del río Sée.

③ Jardins du Pontgirard
MAPA G6 ▪ Monceaux-au-
Perche ▪ 02 33 73 61 49 ▪ Horario:
may-sep: 10:00-18:00 diario
En estos jardines se ven lavandas,
euforbiáceas y un antiguo limero.

④ Fromagerie Durand
MAPA E5 ▪ Ferme de la
Hérronière ▪ 02 33 39 08 08 ▪ Horario:
9.00-17-00 ma-sá ▪ Se cobra entrada
Una de las últimas *fromageries* que
hacen el queso Camembert de modo
tradicional, con leche no pasteurizada.

⑤ La Maison du Camembert, Camembert
MAPA F4 ▪ Le Bourg ▪ 02 33 12 10 37
▪ Horario: may-sep: diario; mar-abr y
oct: mi-do ▪ Se cobra entrada
Museo dedicado al famoso queso,
con una reconstrucción de una vieja
planta de producción quesera.

⑥ La Ferme du Cheval de Trait, Juvigny-sous-Andaine
MAPA D5 ▪ La Michaudière ▪ Horarios
variables, consultar página web ▪ Se
cobra entrada ▪ www.lamichaudiere.fr
Tiene un equipo agrícola a tracción
animal, una granja en miniatura y una
exposición de caballos percherones.

⑦ Musée de l'Émigration Française au Canada, Tourouvre
MAPA F5 ▪ 15 Rue du Québec
▪ Horario: abr-dec (variable, consultar
página web) ▪ Se cobra entrada
▪ www.musealesdetourouvre.fr
Una réplica de la sala en la que, en el
siglo XVII, muchos normandos firma-
ron contratos de emigración a Quebec.

⑧ Musée de la Dame aux Camélias, Gacé
MAPA F5 ▪ Château de Gacé ▪ 02 33 67
54 85 ▪ Horario: med jun-med sep
(llamar antes) ▪ Se cobra entrada
Evoca la extravagante vida de la heroí-
na de la novela de Alejandro Dumas.

Musée de la Dame aux Camélias

⑨ Musée et Prison Royale, Tinchebray
MAPA D5 ▪ 4 Rue de la Prison ▪ 02 33
96 19 49 ▪ Horario: jul y ago: 14.30-
16.00 lu, ma, ju, vi ▪ Se cobra entrada
Un lugar escalofriante que incluye un
juzgado, celdas y museo etnográfico.

⑩ Bellême Attelages
MAPA F6 ▪ La Maladrerie, Saint
Martin du Vieux Bellême ▪ 02 33 83
23 17 ▪ Horario: med mar-med dic
La campiña de los percherones en un
carro de caballos tradicional.

Ver mapa en pp. 110-111

Eventos culturales

1 Les Féeriques, Falaise

MAPA E4 ▪ www.falaise-suisse normande.com ▪ Prin dic-prin ene

El lugar de nacimiento de Guillermo el Conquistador celebra la Navidad con un alumbrado, un mercado, fuegos artificiales y representaciones medievales.

2 Festival d'Accordéon, Mortagne-au-Perche

02 33 89 58 03 ▪ Febrero

Tanto músicos en alza como afamados maestros del acordeón se dan cita en el cartel de este festival de un día de duración.

3 Les Jeudis du Pin, Le Pin-au-Haras

Jun-med sep: 15:00-16:00 ju

En los meses de verano hay presentaciones musicales con sementales, yeguas, potrillos y burros normandos en el prestigioso criadero nacional de caballos (ver p. 112).

4 Les Musicales de Mortagne

MAPA F6 ▪ Office de Tourisme de Mortagne: 02 33 83 34 37 ▪ Fin jun-med jul

Artistas de fama mundial participan en este festival de música de cámara que ofrece 6 conciertos en el asombroso marco de Mortagne-au-Perche.

5 Les Folklores du Monde, Alençon

MAPA E6 ▪ www.lesfolklores dumonde.com ▪ Julio

Festival internacional de folklore que incluye conciertos, desfiles y talleres.

6 Les Musilumières de Sées

MAPA E5 ▪ www.musilumieres.org ▪ Jul-med sep: vi-sá

En este espectáculo de luz y sonido, dentro de la catedral gótica del siglo XIII de Sées (ver p. 114), se emplea la tecnología más moderna.

Les Musilumieres de Sées

7 Les Médiévales de Domfront

MAPA D5 ▪ Maison des Associations: 02 33 38 56 66 ▪ www.ville-domfront.fr ▪ Agosto

Cada año actores y músicos participan en este festival medieval.

8 Festival des Voiles de Travail, Granville

MAPA B5 ▪ www.festivaldesvoilesde travail.fr ▪ Fin ago

Festival marítimo de 5 días con paseos en barco, conciertos y artesanía local.

9 Septembre Musical de l'Orne

02 33 26 99 99 ▪ www.septembre-musical.com ▪ Sep: vi-do

Iglesias, abadías y *châteaux* se convierten en escenarios de bailes y conciertos de ópera, música de cámara y jazz.

10 Festival Via Aeterna, Mont-St-Michel

MAPA B5 ▪ www.via-aeterna.com ▪ Prin oct

Este evento de diez días ofrece actuaciones de música clásica y sacra de artistas internacionales.

Dónde comer

1 La Grange de Tom, Champeaux

MAPA B5 ■ 40 Rte des Falaises ■ 02 33 61 85 52 ■ Cerrado ma ■ €

Situado en los acantilados de Champeaux, esta antigua granja cuenta con una irresistible vista de toda la bahía del Mont-Saint-Michel. La comida mezcla platos tradicionales y modernos.

2 Le Gué du Holme, St-Quentin-sur-le-Homme

MAPA B5 ■ 14 Rue des Estuaires ■ 02 33 60 63 76 ■ Cerrado lu, sá mediodía, do noche ■ €

Este restaurante ofrece un amplio abanico de pescados, productos de granja local y caza mayor *(ver p. 130)*.

3 Auberge du Terroir, Servon

MAPA B5 ■ Le Bourg ■ 02 33 60 17 92 ■ Cerrado mi, ju y sá mediodía ■ €

Ubicado en un pequeño pueblo cerca del Mont-Saint-Michel, este restaurante sirve platos hechos con ingredientes locales.

4 Lion Verd, Putanges-Pont-Ecrepin

MAPA E5 ■ 02 33 35 01 86 ■ €

Este sitio, que suele estar lleno de gente, tiene una hermosa terraza junto a un puente que cruza el Orne. El menú siempre incluye platos vegetarianos.

5 Au Petit Vatel, Alençon

MAPA E6 ■ 72-74 Place du Commandant Desmeulle ■ 02 33 28 47 67 ■ Cerrado ma, mi y do noche ■ €€

Toda una institución en Alençon, este restaurante es famoso por su sofisticada cocina contemporánea.

6 Chez François, Genêts

MAPA B5 ■ 2 Rue Jérémie ■ 02 33 70 83 98 ■ Cerrado mi, ju ■ €

Este bistró decorado como una cueva en la bahía del Mont-Saint-Michel es famoso por su carne a la parrilla y sus deliciosos postres. No cuenta con muchas opciones vegetarianas.

7 Brit Hôtel du Dauphin, L'Aigle

MAPA F5 ■ Pl de la Halle ■ 02 33 84 18 00 ■ Restaurante cerrado do noche *(brasserie abierta a diario)* ■ €€

La comida es excelente en este acogedor hotel gestionado por una familia.

8 Tribunal, Mortagne-au-Perche

MAPA F6 ■ 4 Pl du Palais ■ 02 33 25 04 77 ■ €

Esta vieja taberna ofrece una variedad de platos regionales *(ver p. 128)*.

Tribunal, Mortagne-au-Perche

9 D'Une Ile, Rémalard-en-Perche

MAPA G6 ■ Lieu dit l'Aunay ■ www.duneile.com ■ €€

La cocina de esta casa campestre sirve platos de temporada. Es necesario reservar con antelación.

10 Manoir du Lys, Bagnoles-de-l'Orne

MAPA D5 ■ La Croix Gautier ■ 02 33 37 80 69 ■ www.manoir-du-lys.fr ■ €€€

La cocina de Franck Quinton se basa en las tradiciones locales, aunque también respeta las tendencias actuales.

Ver mapa en pp. 110-111 ←

Datos útiles

Etiquetas de Camembert de vivos colores

Cómo llegar y moverse

Llegada en avión

Dado que hay pocos vuelos internacionales a Normandía, la mayoría de los viajeros prefiere volar a París y luego tomar el tren. **Ryanair** vuela desde Madrid, Barcelona y Valencia a París Beauvais. **Iberia** y **Air France** vuelan a París **Charles de Gaulle** y **Air Europa** a París Orly. La región tiene 4 pequeños aeropuertos con vuelos nacionales. Estos aeropuertos están en **Caen-Carpiquet, Cherburgo, El Havre** y **Ruan.** La aerolínea regional francesa, **Air France Hop**, vuela de Lion a Caen.

LLegada en tren internacional

Se puede llegar a Normandía desde España usando los excelentes trenes de alta velocidad de ambos países que conectan distintos puntos de España y Francia. Una vez aquí, se pueden usar los servicios regionales y de cercanías.

Trenes regionales y de cercanías

La red de ferrovías estatales, **SNCF,** conecta las principales ciudades y pueblos de la región. Los precios son bastante razonables. Para usar el ultrarrápido TGV *(Trains à Grande Vitesse)* es necesario pagar un suplemento en hora punta. Todos los TGV requieren reservar asiento. Los trenes más lentos, que aparecen señalados como TER en los horarios,

paran en todas las estaciones. Para los TER regionales no es necesario reservar, pero sí para usar los Intercity y los trenes nocturnos.

Los billetes se pueden comprar *online* en SNCF o en **Rail Europe.** Se puede imprimir o llevar el código QR de la reserva en el móvil. También pueden adquirirse en las máquinas de las estaciones. Una vez comprados, hay que sellarlos antes de subir al tren introduciéndolos en las máquinas amarillas que hay en cualquier andén. Viajar con el billete sin sellar se considera una infracción.

Autocares de largo recorrido

La desregularización de 2015 revitalizó el negocio de los autocares de largo recorrido en Francia, prácticamente inexistente hasta entonces. **BlaBlaCar** tiene una red de autocares *low-cost* que llega hasta Barcelona o San Sebastián, y que pasa por las principales ciudades francesas. Blablacar también conecta Rennes y Caen. También hay autocares de largo recorrido a Francia desde Madrid.

Autobús

Se puede llegar en autobús a la mayor parte de los destinos de la región, aunque los horarios están más orientados a estudiantes y trabajadores que a turistas. En fin de semana se reduce el servicio. Las rutas que pasan por la costa tien-

den a ser más fiables. Hay diferentes compañías de autobús por *département.* Toda la información se puede encontrar en las oficinas de turismo. Comprar los billetes *online* sale más barato que en el propio autobús. Se sube por la parte delantera y se sale por la puerta de en medio o la trasera. Hay que sellar los billetes en la máquina validadora.

Barcos y ferris

Además de los barcos y ferris que conectan Francia con Reino Unido y las islas del Canal en caso de querer hacer una excursión o seguir la ruta de Guillermo el Conquistador, también se puede llegar a Normandía desde París en barco por el río. Dos empresas, **Viking River Cruises** y **CroisiEurope,** organizan cruceros románticos de 7 noches por el Sena desde París a Ruan, con paradas en Vernon, Conflan y Les Andelys. Los itinerarios de ambas compañías cambian, pero uno de los de CroisiEurope también hace parada en Giverny y Honfleur.

Transporte público

Aunque el modo idóneo de visitar cualquier pueblo o ciudad normanda sea a pie, el transporte público está muy desarrollado e integrado, y los precios son asequibles. Los autobuses son más baratos en Francia que en la mayor parte de Europa. En Normandía hay líneas de autobús en todos los pueblos y ciudades, aunque pueden ir bastante llenos y no tener aire acondicionado. Dos ciudades de Normandía tienen red de tranvía muy eficiente y barata.

Tranvías

Tanto Ruan como Caen tienen modernas redes de tranvía. El de Ruan se conoce como Métro de Rouen y funciona desde las 4,30 (las 6.00 en do) hasta las 23.30. Parte de la red es subterránea en el centro de la ciudad. Dos líneas que van por la superficie llevan hasta los barrios del sur. La red de tranvía de Caen conecta las afueras con el centro. La empresa que gestiona los tranvías se llama **Twisto**. El primer tranvía sale a las 5.45 y el último a las 0.30.

Visitas guiadas

Normandía ofrece un amplio rango de visitas guiadas, desde visitas en barco por la costa a ociosos paseos en bici, pasando por interesantes visitas por las playas del norte centradas en el Día D. La mayor parte de estas visitas tienen lugar en los meses de verano, como por ejemplo **Caen Memorial**, **Normandy Sightseeing Tours** y **D-Day Landing Tours**, estas dos últimas ubicadas en Bayeux.

La mayoría de puertos ofrece algún tipo de paseo en barco. Uno de los mejores es el paseo de dos horas desde Fécamp a Étretat, con el que puedes navegar cerca de los impresionantes acantilados de Côte d'Albâtre. En la oficina de turismo de Fécamp está toda la información. Una alternativa

tan divertida como educativa son las rutas en el río Douve y el Taute, cerca de Carentan, centradas en la historia, geografía y entorno de las marismas.

Taxis

Es fácil identificar los taxis oficiales. Solo se puede coger un taxi en una parada de taxi *(stations de taxi)* o llamando por teléfono. No se pueden parar taxis en mitad de la calle. Antes de entrar en el taxi hay que ver que tenga taxímetro. Las tarifas pueden variar por *département*.

Hay *apps* que sirven para llamar taxis, sobre todo en las ciudades. En las paradas de taxi también hay teléfonos desde los que pedir uno. Se empieza a cobrar desde que se pide el taxi. **Uber** es bastante popular en Francia, pero hay que comprobar que el conductor pertenece al servicio.

INFORMACIÓN

LLEGADA EN AVIÓN

Aeropuerto Caen-Carpiquet
🅆 caen-airport.com

Aeropuerto de Cherburgo
🅆 cherbourg.aeroport.fr

Aeropuerto de El Havre
🅆 lehavre.aeroport.fr

Aeropuerto de Ruan
🅆 aeroport-rouen.fr

Air Europa
🅆 aireuropa.com

Air France
🅆 airfrance.com

Air France Hop
🅆 hop.fr/fr

Iberia
🅆 iberia.com

Ryanair
🅆 ryanair.com

TRENES REGIONALES Y DE CERCANÍAS

Rail Europe
🅆 raileurope.com

SNCF
🅆 sncf-connect.com

AUTOCARES DE LARGO RECORRIDO

BlaBlaCar
🅆 blablacar.com

BARCOS Y FERRIS

CroisiEurope
🅆 croisieurope.com

Viking River Cruises
🅆 vikingrivercruises.com

TRANVÍAS

Twisto
🅆 twisto.fr

VISITAS GUIADAS

Caen Memorial
🅆 memorial-caen.fr

D-Day Landing Tours
🅆 ddaylandingtours.com

Normandy Sightseeing Tours
🅆 normand sightseeing-tours.com

TAXIS

Uber
🅆 uber.com

Viajar a Normandía en coche

Viajar a Normandía en coche permite ir al ritmo de cada uno y salir de las rutas establecidas. Es fácil llegar a Normandía desde España mediante la Red de Carreteras Europeas que une España y Francia por los Pirineos.

Es necesario llevar en todo momento los documentos de registro y el seguro del coche, así como el carnet de conducir y un documento válido de identidad o pasaporte. El carnet de conducir europeo es válido. Es posible que los visitantes que provengan de países de fuera la UE necesiten un carnet de conducir internacional (IDP, International Driving Permit).

Alquiler de coches

Las principales compañías de alquileres de coche (como por ejemplo **Europcar** o **Hertz**) operan en Normandía y están presentes en todos los aeropuertos, estaciones de tren y ciudades. Para alquilar un coche es necesario ser mayor de 21 años y tener permiso de conducir desde hace más de un año. Asimismo, hará falta una tarjeta de crédito para el depósito del alquiler.

Los coches automáticos no son muy comunes, es mejor reservarlos con antelación. Normalmente no se puede subir un coche alquilado a un ferri. Dejar un coche alquilado en una ubicación distinta a donde se alquiló suele acarrear sobrecostes. Antes de reservar, se pueden mirar ofertas de vuelo más coche.

Conducir en Normandía

A los franceses les encanta conducir. Normandía está llena de *autoroutes*, autopistas rápidas y espaciosas. Con la excepción del complejo sistema de calles de sentido único del centro de Ruan, la mayor parte de las ciudades son practicables en coche. Hay numerosos aparcamientos y zonas de pago para estacionar. Es de resaltar que puede resultar farragoso conducir por la ciudad y que aparcar suele ser más caro en el centro que en las afueras.

Las regulaciones de aparcamiento varían de un lugar a otro. Las zonas de aparcamiento en las que hay que pagar se suelen indicar con un letrero azul que dice *Payant*. El tiempo máximo para aparcar suele ser 2 horas. Los conductores con discapacidad que tengan insignia azul pueden aparcar en los espacios destinados a ellos. Sin embargo, aparcar en la calle no siempre es gratis. Algunos aparcamientos que aplican restricción por tiempo no aplican dicha restricción a los conductores con insignia azul.

Las señales de las carreteras pueden ser confusas. Dependiendo del tipo de carretera se pueden aplicar 4 límites distintos de velocidad: en autopista, el límite son 130 km/h; en las autovías N o RN, el límite es 110 km/h; en carreteras tipo D (locales) y en las D y V (menores), el límite es 80 o 90 km/h. Por último, en áreas urbanas el límite es 50 km/h. Las autopistas francesas cuentan con buenas áreas de descansos *(aires)* cada 10 o 20 km. Hay gasolineras cada 40 km. Estas últimas suelen tener restaurante, tienda y otros servicios.

La página web del **RACE** tiene bastante información útil sobre conducir en Francia.

Normas de circulación

Siempre hay que conducir por la derecha. A menos que se indique lo contrario, los vehículos que vengan por la derecha tienen preferencia de paso. Los coches que estén cruzando una rotonda tienen preferencia de paso. El cinturón de seguridad es obligatorio. Está prohibido tocar el claxon en ciudades. Para motociclistas de alta y baja cilindrada son obligatorios el casco y los guantes protectores en toda Francia.

La ley francesa requiere que se lleve un documento de identidad, carnet de conducir y los documentos de propiedad y de seguro del coche. Es conveniente contratar asistencia en carretera. Es necesario añadir deflectores de haces de faros al coche, como también se requiere llevar triángulos de señalización, extintor, kit de primeros auxilios y chaleco amarillo reflectante.

Si el coche sufre una avería, hay que ponerse el chaleco reflectante y (siempre caminando por el arcén detrás del quitamiedos) colocar el triángulo de señalización entre 50 y 100 m detrás del coche. En caso de accidente, hay que llamar de inmediato a los servicios de emergencia (112). Cada

2 km de autopista y cada 4 km en autovía hay postes *d'appel d'urgence* (teléfonos de emergencia) para ponerse en contacto con los servicios de rescate franceses a través de la policía de tráfico.

En ciudad es ilegal conducir por el carril bus, independientemente de la hora del día. Usar un teléfono móvil mientras se conduce puede acarrear la retirada inmediata del carnet de conducir. Francia observa estrictamente un límite de alcohol en sangre de 0,05%. La ley obliga a que los conductores lleven siempre un alcoholímetro (1 € en gasolineras). La policía francesa puede imponer multas de hasta 750 € al momento. También puede exigirse un test de drogas, incluso por infracciones menores.

Autostop

Hacer autostop está prohibido en autopistas, si bien se permite en otras carreteras. Aun así, no es recomendable hacerlo en ninguna parte de Francia. Servicios como **BlaBlaCar** (ver p. 120) son una alternativa más segura y popular. Normalmente suelen costar un tercio de lo que cuesta viaje en autobús.

En bicicleta

El uso de bicicleta es muy popular en Normandía, y las rutas mejoran cada vez más. El variado terreno repleto de caminos y los más de 310 km de carriles para bicicletas hacen de Normandía un lugar ideal para recorrer en bicicleta. Se puede llevar la bicicleta en avión, en tren (casi todos los trenes de la SNCF aceptan bicicletas) o en ferri. También se pueden alquilar bicicletas en la mayoría de pueblos y en algunas estaciones de tren. En Normandía, los precios de alquiler de bicicletas son muy razonables. **Ouibike** está presente en toda la región, mientras que **Lovélo** opera sobre todo en Ruan. **Freewheeling France** tiene una página web muy útil donde se muestran todos los lugares de la región donde se pueden alquilar bicicletas. Si lo que se prefiere es la bicicleta de montaña, hay que buscar letreros en los que ponga VTT (*vélos tout terrain*).

Hay carriles para bicicletas por toda la región; se puede encontrar información en oficinas de turismo y en asociaciones de ciclismo. Si hay ganas de aventura, hay una ruta de París al Mont-St-Michel en el **Veloscenic,** un impresionante camino de larga distancia que recorre buena parte de la encantadora campiña normanda. También se puede optar por recorrer solo parte del camino.

Por ley, todos los niños menores de 12 años deben llevar casco, incluso si van de pasajeros.

A pie

Normandía tiene cientos de rutas de senderismo adaptadas a todos los niveles. La famosas rutas *grande randonnée* (GR), señaladas con rayas rojas y blancas, llevan a quienes las recorren a los paisajes más espectaculares. En las oficinas regionales de turismo hay mapas y todo tipo de información sobre las rutas GR de cada *département*. La página web de la **Federación francesa de senderismo** también tiene información sobre las rutas GR.

Caminar por las ciudades de Normandía es un buen modo de explorarlas. Las oficinas de turismo de los pueblos de mayor tamaño suelen publicar el "Circuit du Patrimoine", un ruta muy útil que abarca todos los lugares de interés.

INFORMACIÓN

ALQUILER DE COCHES

Europcar
ⓦ europcar.com

Hertz
ⓦ hertz.com

CONDUCIR EN NORMANDÍA

RACE
ⓦ race.es

AUTOSTOP

BlaBlaCar
ⓦ blablacar.es

EN BICICLETA

Freewheeling France
ⓦ freewheelingfrance.com

Lovélo
ⓦ reseau-astuce.fr

Ouibike
ⓦ ouibike.net

Veloscenic
ⓦ veloscenic.com

A PIE

Federación francesa de senderismo
ⓦ ffrandonnee.fr

Información práctica

Documentación

Los españoles y los nacionales de otros países de la Unión Europea pueden viajar a Normandía simplemente con el documento nacional de identidad o el pasaporte en vigor.

Consejos oficiales

Es importante consultar los avisos tanto del gobierno francés como del español antes de viajar. En las páginas web del **Ministerio de Asuntos Exteriores de España** y del **Gobierno de Francia** encontrará información actualizada sobre seguridad, salud y regulaciones locales.

Información de aduanas

La página web oficial de **France Tourisme** ofrece información sobre la cantidad de artículos y dinero que se pueden introducir y sacar de Francia. Para los ciudadanos de la UE no hay limitación en los artículos que puedan introducir o sacar de allí, siempre que sean para uso personal.

Seguros de viaje

Es recomendable contratar un seguro privado que incluya pérdidas por robo, atención médica, cancelación y retraso de vuelos, y leer cuidadosamente la letra pequeña.

Salud

Francia cuenta con un sistema de sanidad pública de primera. Los servicios de urgencias son gratuitos para todos los ciudadanos de la UE que presenten la **Tarjeta Sanitaria Europea (TSE).** Puede que tenga que pagar por un tratamiento y reclamar la devolución del importe después. También puede contratar un seguro médico con cobertura total antes de viajar.

Si se queda en un hotel, es posible que el personal de este le eche una mano a la hora de encontrar un médico que hable su idioma, o ponerle en contacto con el *médecin de garde* (médico de guardia) 24 horas que está en todas las poblaciones importantes. También puede ir a la farmacia más cercana o por teléfono.

Las farmacias *(pharmacies)* aparecen identificadas con una cruz verde (a menudo luminosa). Suelen abrir de 9.00 a 19.00 de lunes a sábado. En otro horario, suelen indicar las direcciones de las farmacias de guardia. Las farmacias le aconsejarán sobre problemas de salud leves y le indicarán dónde puede encontrar el médico más próximo.

Los dentistas aparecen en las Páginas amarillas *(Pages Jaunes).* En caso de accidente, lo mejor es acudir a un hospital importante de la región.

Salvo si se indica lo contrario, el agua del grifo es potable en todo el país.

Para información acerca de los requisitos de vacunación contra la COVID-19, consulte los consejos oficiales.

Tabaco, alcohol y drogas

Está prohibido fumar en los espacios públicos, pero se permite en las terrazas de restaurantes, cafés y *pubs* siempre que no estén cerradas.

La posesión de narcóticos está prohibida y puede conllevar penas de cárcel.

El consumo de bebidas alcohólicas en la calle está permitido salvo que se indique lo contrario.

Carné de identidad

Aunque no es obligatorio para los visitantes llevar consigo una identificación en todo momento, en caso de un control rutinario puede que tenga que mostrarla; si no la llevase consigo, la policía le acompañará al lugar donde la tenga guardada.

Seguridad personal

Normandía es un lugar relativamente seguro a donde viajar. Los carteristas frecuentan los lugares turísticos y deambulan por la red de transportes públicos en las horas punta., de modo que vigile sus pertenencias en todo momento. Para denunciar un robo, acuda a la comisaría *(commissariat de police)* más cercana. Guarde una copia de la denuncia para poder hacer la reclamación al seguro. En caso de robo de pasaporte, póngase en contacto con su embajada. Esta está en París, pero puede encontrar un viceconsulado de España en la región en El Havre.

El 112 es el teléfono para **emergencias** en toda la Unión Europea; la operadora le preguntará qué tipo de servicio necesita. En caso de urgencia médica, marque el 15 para la atención del **SAMU**. El teléfono directo de la **policía** es el 17 y el de los **bomberos** el 18.

Los habitantes de Normandía suelen aceptar sin problema a todo tipo de personas, independientemente de su raza, género u orientación sexual. El matrimonio de personas del mismo sexo se legalizó en 2013 y Francia reconoció legalmente el cambio de sexo en 2016.

Puede que las mujeres reciban más atención de la deseada, sobre todo en sitios turísticos. No son raros los piropos y miradas. Si se siente insegura, acuda a la comisaría más cercana.

Viajeros con necesidades específicas

Hay muchas empresas que se dedican a mejorar la accesibilidad en Normandía.

Jaccede tiene todos los detalles de los lugares de interés accesibles en Ruan y otras ciudades. El operador ferroviario SNCF *(ver p. 120)* tiene un servicio de reserva de asistencia gratuita para sus trenes de alta velocidad (TGV). En **Les Compagnons du Vogage** se puede solicitar, a cambio de una tarifa mínima, un acompañante que ayude a las personas con movilidad o visión reducida en los medios de transporte.

La página web de **Turismo de Normandía,** así como la organización **Coordination Handicap Normandie** enumera los lugares de interés, hoteles y restaurantes que son accesibles a viajeros con necesidades específicas.

Las empresas **Travel-Xperience y Travel Fast** ofrecen todo tipo de actividades y paquetes turísticos para personas con discapacidad.

Si necesita más información, la asociación de personas con discapacidad **GIHP** ayudará en todo lo necesario.

Diferencia horaria

Francia se encuentra en la zona horaria central europea (GMT+1): la misma hora que en la España peninsular. Hay que adelantar una hora los relojes desde el último domingo de marzo hasta el último domingo de octubre. En Francia se emplea el cómputo diario de 24 horas.

INFORMACIÓN

DOCUMENTACIÓN

Embajada de la República Francesa en España
Salustiano Olózaga 9
28001 Madrid
📞 914 23 89 00
🌐 es.ambafrance.org

Ministerio de Asuntos Exteriores francés
🌐 diplomatie.gouv.fr

CONSEJOS OFICIALES

Gobierno de Francia
🌐 gouvernement.fr

Ministerio de Asuntos Exteriores de España
🌐 exteriores.gob.es

INFORMACIÓN DE ADUANAS

France Tourism
🌐 ee.france.fr

SALUD

Tarjeta Sanitaria Europea (TSE)
🌐 seg-social.es

SEGURIDAD PERSONAL

Bomberos
📞 18

Emergencias
📞 112

Policía
📞 17

SAMU
📞 15

VIAJEROS CON NECESIDADES ESPECÍFICAS

Coordination Handicap Normandie
🌐 handicap-normandie.org

GIHP
🌐 gihp-reseau.fr

Jaccede
🌐 jaccede.com

Les Compagnons du Voyage
🌐 compagnons.com

Turismo de Normandía
🌐 normandie-tourisme.fr

Travel Fast
🌐 travelfast.es

Travel-Xperience
🌐 travel-xperience.com/

Moneda

La moneda de Francia es el euro (€). La mayoría de los establecimientos aceptan las principales tarjetas de crédito, débito y prepago, aunque siempre es buena ideal llevar algo de efectivo suelto.

Los hoteles y restaurantes más pequeños, así como los campings y tiendecitas agradecen que se les pague en efectivo.

Dispositivos eléctricos

La tensión de los enchufes es de 220V y las patillas son dobles y redondas.

Teléfonos móviles y wifi

El 5G ya está consolidado por todo el país, así que la cobertura es excelente. Los lugares con wifi gratuito son cada vez más numerosos en los espacios públicos.

Los cafés y restaurantes suelen permitir el uso gratuito de su wifi siempre que se vaya a consumir, y muchos hoteles ofrecen wifi gratuito a sus clientes.

Los ciudadanos pertenecientes a la UE pueden utilizar sus dispositivos en el extranjero sin sufrir cargos por el servicio de *roaming*. Los usuarios pagarán la misma tarifa por datos, SMS y llamadas de voz que si estuviesen en casa. Aquellos que no dispongan de una tarifa de la UE deberán consultar con su proveedor sobre las tarifas de *roaming*. Una opción más económica es comprar una tarjeta SIM francesa (obligatorio presentar una identificación).

Correos

En Francia el servicio de correos es rápido y fiable.

Las oficinas de correos se distinguen por sus característicos signos azules y amarillos. Funcionan de 9.00 a 12.00 y de 14.00 a 17.00 de lunes a viernes. También los sábados por la mañana. Para cartas y postales corrientes, puede comprar sellos en un *tabac* (estanco).Algunos hoteles y quioscos también venden sellos de correos.

Clima

El clima de Normandía es bastante templado. En verano puede llegar a hacer mucho calor. La primavera y el otoño son suaves, con muchas lluvias, pero también hay días en los que brilla el sol. El invierno es frío, pero es una de las mejores temporadas para visitar el Mont-Saint-Michel, que parece un lugar etéreo con la luz del invierno y la poca afluencia de turistas.

Horarios

Las tiendas de alimentación suelen abrir de 9.00 a 19.00 de lunes a viernes, con un alto de 12.00 a 14.00. Las tiendas que no son de alimentación abren normalmente de 9.00 a 18.00, de lunes a sábado, y también cierran a la hora del almuerzo. Los hipermercados, supermercados, grandes almacenes y tiendas del centro de ciudades y pueblos turísticos no cierran al mediodía. Los domingos la mayoría de las tiendas cierran, aunque es posible encontrar alguna *boulangerie* o *pâtisserie* abierta por la mañana.

Los bancos, tiendas y la mayoría de los comercios cierran el día de Año Nuevo, el lunes de Pascua, el 1 de mayo (Día del Trabajo), el 8 de mayo (Día de la Victoria en Europa), el Día de la Ascensión (40 días después de Semana Santa), el Día de Pentecostés (7º domingo después de Pascua), el lunes de Pentecostés (el día siguiente), el 14 de julio (aniversario de la toma de la Bastilla), 15 de agosto (Asunción), 1 de Noviembre (día de Todos los Santos), 11 de noviembre (Día del Armisticio) y 25 de diciembre (Navidad).

La pandemia de **COVID-19** demostró que todo puede cambiar repentinamente. Antes de visitar museos, monumentos u otros lugares de interés consulte los horarios actualizados y las formalidades de reserva.

Información turística

Entre las muchas maneras de obtener información de Normandía se encuentra la **Junta de Turismo de Normandía** (*Comité Regional de Turisme*), con base en Évreux y cada uno de los cinco *départements* de Normandía, que cuentan con sus propias **oficinas de turismo** (*Comité Départamental du Tourisme*). Merece la pena visitar sus páginas web cuando se planee el viaje.

Todas las ciudades y la mayoría de localidades importantes tienen una oficina de turismo estatal. Algunos pueblecitos y aldeas tienen un *Syndicat d'Initiative* (SI) privado.

La web **Normandy War Guide** (en inglés) ofrece toda la información para aquellos interesados en visitar los lugares del Desembarco del Día D.

Turismo responsable

Turismo de Normandía tiene una política de "Normandía sin coche", que anima a los visitantes a desplazarse en transporte público y en bicicleta. Es una excelente manera de disfrutar del espectacular paisaje de la región. En su página web se pueden descargar mapas de rutas de tren, autobús y bicicleta.

La crisis climática está afectando a Normandía: el aumento del nivel del mar provoca una mayor erosión costera. Una manera de no agravar el problema consiste por ejemplo en respetar las playas, seguir senderos y caminos claramente marcados o ducharse rápido y reutilizar toallas en los hoteles.

Costumbres

La etiqueta *(la politesse)* es importante para los franceses. Al entrar en una tienda o café es correcto saludar con un *"bonjour"* y despedirse con un *"au revoir"*. Siempre hay que añadir un *"s'il vous plaît"* (por favor) al pedir algo y *"pardon"* si tropieza con alguien accidentalmente.

Los franceses por lo general suelen estrechar la mano cuando conocen a alguien por primera vez. Los amigos y conocidos con mayor grado de intimidad se saludan con un beso en cada mejilla. En caso de duda, lo mejor es dejar que la otra persona tome la iniciativa.

Idioma

La lengua oficial de Normandía es el francés. Saber algunas frases amables puede resultar de gran ayuda sin necesidad de saber el idioma.

Impuestos

El IVA en Francia es de el 20%. Los no residentes en la UE pueden reclamar su devolución en ciertos productos. En los comercios con la señal Global Refund Tax Free le ofrecerán un formulario y un recibo *détaxe*. Al salir del país tendrá que mostrar en la aduana la factura de compra junto con el recibo *détax* y el pasaporte para que le devuelvan el valor del impuesto.

Alojamiento

Francia ofrece una gran variedad de alojamiento, desde lujosos hoteles de cinco estrellas a *chambres d'hôtes* (casas rurales), albergues y apartamentos y casas privadas.

Las oficinas de turismo locales son de gran ayuda a la hora de recomendar granjas y *gîtes*, si lo que se busca es una estancia menos impersonal. Las *fermes auberges* son granjas en activo que suelen ofrecer unas cuantas habitaciones y un restaurante sencillo. Las *chambres d'hôtes* también son una buena opción, y más barata que un hotel. El alquiler vacacional y los campings son la mejor opción para familias que quieran quedarse una semana o más.

Dormir en los *gîtes* es una opción muy buscada. Suelen ser preciosas casas

de campo, la mayoría propiedad privada. A cambio de un pequeño cargo extra, se dan sábanas, toallas y utensilios de cocina.

En temporada alta, lo mejor es reservar con bastante antelación. Normandía es un destino muy frecuentado de primavera a otoño, pero desde principios de julio a finales de agosto, los centros turísticos están a reventar. Hay hoteles pequeños en zonas rurales que cierran de noviembre a marzo.

Dónde alojarse

> **PRECIOS**
> Por habitación doble (con desayuno, si está incluido),
> impuestos y otros cargos.
>
> € menos de 100€   €€ 100-250€   €€€ más de 250€

Hoteles de lujo

Belle-Isle-sur-Risle
MAPA F3 ▪ 112 Rte de
Rouen, Pont Audemer
▪ 02 32 56 96 22 ▪ www.
bellile.com ▪ €€
Esta idílica mansión del
siglo XIX descansa sobre
una islita boscosa en medio
del Risle. Las 28 habitaciones son elegantes y cómo-
das, y el excelente restaurante gourmet sirve platos
creativos con ingredientes
de temporada.

Grand Hôtel, Cabourg
MAPA E3 ▪ Prom Marcel-
Proust ▪ 02 31 91 01 79
▪ www.grand-hotel-
cabourg.com ▪ €€
Famoso por su vínculo con
Marcel Proust, que pasaba
sus vacaciones de la
infancia aquí y que incluyó
tanto el comedor como el
acuario en sus novelas,
este enorme edificio blanco y amplias habitaciones
aún exuda un aroma de la
Belle époque de antaño.
La fachada del hotel está
orientada hacia el pueblo,
mientras que la parte trasera da a la playa.

Hôtel de Bourgtheroulde, Ruan
MAPA L5 ▪ 15 Pl de la
Pucelle ▪ 02 35 14 50 50
▪ www.hotelsparouen.
com ▪ €€
Este hotel de moda den-
tro de un hermoso edificio
del siglo XVI tiene un elegante bar interior, ade-

más de un restaurante y
una piscina iluminada.

Le Manoir des Impressionistes, Honfleur
MAPA F3 ▪ 23 Rte de
Trouville ▪ 02 31 81 63 00
▪ www.manoirdes
impressionnistes.com ▪ €€
A pocos minutos del aje-
treo de Honfleur, la mayor
parte de las habitaciones
de esta pequeña mansión
dan al estuario del Sena.
Cada habitación tiene un
estilo distinto. Los huéspedes tienen preferencia para
cenar en el restaurante.

Château de la Chenevière, Port-en-Bessin
MAPA C3 ▪ Escures-
Commes ▪ 02 31 51
25 25 ▪ www.la
cheneviere.com ▪ €€€
Con 19 habitaciones y
10 *suites*, este elegante
château del siglo XVIII ubicado en medio de su pro-
pio parque tiene aires de
gran casa de campo ingle-
sa. Resulta ideal como
base para visitar las playas del Día D.

La Ferme St-Siméon, Honfleur
MAPA F3 ▪ Rue A-Marais
▪ 02 31 81 78 00 ▪ www.
fermesaintsimeon.fr ▪ €€
Esta antigua granja en el
estuario del Sena, que en
su día fue lugar de reu-
nión de pintores impre-
sionistas, es hoy en día el
hotel más lujoso de toda
Normandía.

Le Normandy, Deauville
MAPA E3 ▪ 38 Rue
Mermoz ▪ 02 31 98 66 22
▪ www. hotelsbarriere.
com ▪ €€€
Este hotel parece una
pintoresca cabaña nor-
manda construida por un
gigante. En el interior
hay lámparas de araña,
columnas, piscina interior
alrededor de la cual se
sirve el desayuno y un
pasadizo bajo tierra que
lleva hasta el Casino
Deauville, que pertenece
a los mismos dueños del
hotel.

Hoteles con encanto

Hôtel du Tribunal, Mortagne-au-Perche
MAPA F6 ▪ 4 Pl du Palais
▪ 02 33 25 04 77 ▪ www.
hotel-tribunal.fr ▪ €€
Ubicado en un bello edificio del siglo XIII, este acogedor hotel céntrico es un
lugar ideal desde el que
explorar Le Perche.
También cuenta con un
excelente restaurante (ver
p.117).

Ferme de la Rançonnière, Crépon
MAPA D3 ▪ Rte
d'Arromanches ▪ 02 31
22 21 73 ▪ www.
ranconniere.fr ▪ €€
Los antiguos habitantes
de esta granja fortificada
medieval intentaban
mantener fuera a los des-
conocidos. Los de hoy
en día son bastante más
amigables. Los domingos,
los dos salones comedo-
res se llenan hasta reventar con gente de la zona.
Las habitaciones son
cómodas y elegantes.

Hostellerie de la Vieille Ferme

MAPA H1 ▪ Criel-sur-Mer ▪ 02 35 86 72 18 ▪ www. vieille-ferme.net ▪ €€

Se puede elegir entre las habitaciones de elegante decoración del edificio principal del siglo XVIII, el pabellón estilo anglonormando o las dos mansiones del siglo XIX. El hotel tiene disponible sauna y *spa*.

Hôtel d'Outre-Mer, Villers-sur-Mer

MAPA E3 ▪ 1 Rue du Maréchal Leclerc ▪ 02 31 87 04 64 ▪ www.hotel outremer.com ▪ €€

En este nuevo hotel *boutique*, situado cerca de la playa, cada habitación está decorada con colores diferentes. También cuenta con una estrambótica biblioteca llena de juegos de mesa. La atmósfera es moderna pero relajada.

Le Grand Hard

MAPA B3 ▪ Sainte-Marie-Du-Mont ▪ 02 33 71 25 74 ▪ www.domaine-utah-beach.com ▪ €€

A solo15 minutos desde la playa de Utah *(ver p. 103)*, esta granja restaurada cuenta con un precioso patio. Ideal para familias, tiene 5 habitaciones familiares, restaurante y gimnasio. Algunos extras incluyen bicicletas, juguetes y juegos para los más pequeños.

Le Moulin de Connelles, Connelles

MAPA H3 ▪ Rte d'Amfreville- sous-les-Monts ▪ 02 32 59 53 33 ▪ www.moulin-de-connelles.fr ▪ €€

Cuando se ve el reflejo de las torrecillas del molino entre los nenúfares que flotan bajo la ventana, ya se siente cualquiera en un escenario de postal. Un pequeño y cómodo hotel con un soberbio restaurante.

Perché dans le Perche, Bellou-Le-Trichard

MAPA H6 ▪ La Renardière ▪ 06 24 84 98 25 ▪ www. perchedansleperche.com ▪ €€

Puede decirse que es el lugar más extraño donde alojarse de toda Normandía. Es la casa del árbol con la que siempre se sueña de niño, equipada con cómodas camas y servicios modernos. Descansa sobre un castaño de 200 años de antigüedad. La terraza envuelve por completo el tronco y ofrece una vista panorámica de toda la campiña.

Hoteles costeros

L'Augeval, Deauville

MAPA E3 ▪ 15 Ave Hocquart de Turtot ▪ 02 31 81 13 18 ▪ www. augeval.com ▪ €€

En el corazón de Deauville, cerca del casino y del ostentoso paseo marítimo, el encantador L'Augeval se divide en dos mansiones de estilo anglonormando. Aparte de la enorme piscina climatizada, las habitaciones tienen baño con *spa*.

Dormy House, Étretat

MAPA F2 ▪ Rte Le Havre ▪ 02 35 27 07 88 ▪ www. dormy-house.com ▪ €€

Con un edificio principal de estilo *art-decó* y dos anexos (bastante más cómodos), este hotel está en medio de un jardín, con vistas estupendas al pueblo, al mar y a los famosos acantilados de Étretat, las Falaises d'Aval y d'Amont. El desayuno es excepcional.

Hôtel de la Marine, Barneville-Carteret

MAPA A3 ▪ 11 Rue de Paris ▪ 02 33 53 83 31 ▪ www.hotelmarine.com ▪ €€

La Marine es muy conocida por su restaurante de estrella Michelin *(ver p. 109)*, que tiene excelentes vistas del muelle. Por otro lado, al estar tan cerca de las soberbias playas de la costa oeste de la península del Cotentin, también resulta ser un lugar ideal para pasar unas vacaciones en la costa.

Hôtel des Ormes, Barneville-Carteret

MAPA A3 ▪ Prom Barbey-d'Aurevilly ▪ 02 33 52 23 50 ▪ www.hotel-restaurant-les-ormes.fr ▪ €€

Este encantador establecimiento está justo en la playa. Cuenta con un buen restaurante, un sereno jardín y encantadoras vistas al puerto deportivo.

La Terrasse, Varengeville-sur-Mer

MAPA G1 ▪ Vasterival ▪ 02 35 85 12 54 ▪ www. hotel-restaurant-la-terrasse.com ▪ Cerrado med nov-med mar ▪ €€

Una estrecha senda a través de la típica campiña normanda lleva hasta el borde del acantilado y a este hotelito lleno de personalidad. Aparte de las acogedoras habitaciones hay unas vistas mágicas al mar desde la terraza cubierta, donde se sirven las comidas en verano.

Hôtel Flaubert, Trouville-sur-Mer

MAPA E3 ▪ Rue Gustave Flaubert ▪ 02 31 88 37 23 ▪ www.flaubert.fr ▪ €€
Situado en la playa, el Flaubert es un lugar estupendo donde alojarse en Trouville, una de las cunas del impresionismo.

Le Landemer, Urville-Nacqueville

MAPA A2 ▪ 2 Rue des Douanes ▪ 02 33 04 05 10 ▪ www.le-landemer.com ▪ €€
Este hermoso hotel restaurado en el extremo de una playa tiene un fantástico restaurante. 10 habitaciones impecables, cada una con vistas panorámicas al mar y algunas con terraza privada. El personal es extremadamente servicial.

Hoteles rurales

Le Gué du Holme, St-Quentin-sur-le-Homme

MAPA B5 ▪ 14 Rue des Estuaires ▪ 02 33 60 63 76 ▪ www.le-gue-du-holme.com ▪ €€
Michel Leroux, chef del restaurante de este hotel, es probablemente el mejor cocinero en kilómetros a la redonda. Cómodas habitaciones, la mayoría de las cuales están ubicadas en una moderna ala.

Verte Campagne, Trelly

MAPA B4 ▪ Le Hameau Chevalier ▪ 02 33 47 65 33 ▪ www.laverte campagne.com ▪ €
Esta granja normanda del siglo XVI cubierta de enredaderas está en el corazón de la campiña y conserva sus hermosas vigas y paredes de piedra originales. Los dormitorios son

muy cómodos, y el restaurante sirve menús de temporada con platos locales muy bien pensados y presentados.

Château de Boucéel, Vergoncey

MAPA B5 ▪ Lieu-dit Boucéel ▪ 02 33 48 34 61 ▪ www.chateaude bouceel.com ▪ €€€
Los dueños de este encantador *château* de 1760 cerca de la bahía del Mont-Saint-Michel son los descendientes de los dueños originales. Las habitaciones palaciegas tienen una calidad soberbia. En el recinto también se pueden alquilar cabañas.

Château de la Rapée, Gisors

MAPA J3 ▪ Bazincourt-sur-Epte ▪ 02 32 55 11 61 ▪ www.hotel-la-rapee.com ▪ €€
Al final de una accidentada senda forestal, una mansión gótica con amplias habitaciones de muebles hermosos, encantadoras vistas y un restaurante con excelente comida.

Country Lodge, Perche

MAPA G6 ▪ Parc Naturel Régional du Perche ▪ www.country-lodge.com ▪ €€
Un refugio idílico situado en medio de colinas boscosas, esta granja ofrece alojamiento en 24 cabañas de madera en las que pueden dormir entre 4 y 13 personas.

D'Une Île, Rémalard

MAPA G6 ▪ Domaine de Launay, Lieu dit L'Aunay ▪ 02 33 83 01 47 ▪ www.duneile.com ▪ €€
Este pintoresco grupo de

cabañas medievales en la idílica campiña de Perche tiene 7 hermosas habitaciones renovadas y 2 apartamentos familiares. En el establo restaurado en el patio se sirven comidas con ingredientes locales seleccionados con mimo.

La Réserve, Giverny

MAPA H4 ▪ La Réserve Fond des Marettes ▪ 02 32 21 99 09 ▪ www.giverny-lareserve.com ▪ €€
Más que un hotel, La Réserve es un hostal de lujo, y posiblemente el lugar ideal para alojarse en la zona de Giverny. Sus 5 habitaciones son muy luminosas decoradas con buen gusto con hermosas antigüedades y dulces muebles florales. Atención cercana y encantadora.

Chantore, Bacilly

MAPA B5 ▪ Chantore ▪ 06 74 30 66 64 ▪ www.chateaudechantore.com ▪ €€€
Este castillo del siglo XVIII tiene una maravillosa vista sobre el Mont-St-Michel y está rodeado por un espléndido parque privado, perfecto para pasear. Todo el castillo, incluidas las grandes *suites*, está exquisitamente decorado con tapices, muebles y pinturas antiguas.

Chambres d'Hôte

Le Colombier

MAPA G1 ▪ Mr et Mme Duval, Bertrimont ▪ 02 32 80 14 24 ▪ www.le-colombier.net ▪ €
Un *colombier* (palomar) del siglo XVIII restaurado para ofrecer un alojamiento con mucha personalidad en una granja tradicional normanda. En la parte

principal de la granja hay 2 habitaciones que también se pueden alquilar. Los huéspedes pueden disfrutar de la sidra elaborada in situ y de los deliciosos desayunos.

Manoir & Haras de Sens, Beauvron-en-Auge
MAPA E3 ▪ 875 Rte des Forges de Clermont ▪ 02 31 79 23 05 ▪ www.manoirdesens.com • €€
Alojamiento con desayuno rodeado de un exuberante parque cerca de Beuvron-en-Auge, uno de los pueblos más bonitos de Francia. Las habitaciones tienen baños individuales y están amuebladas al estilo de una casa solariega, con algunos elementos de época.

Le Manoir des Etilleux, Les Etilleux
MAPA F6 ▪ Lieu-dit Le Boulay ▪ 06 03 57 33 56 ▪ www.manoirdesetilleux.fr ▪ €
En la hermosa campiña de Perche, elegante mansión antigua rodeada de manzanos con 4 amplias habitaciones y una gîte, todas ellas con muebles preciosos. Entre sus instalaciones cuenta con spa y pista de tenis para los huéspedes. El desayuno incluye mermelada y pan caseros.

Le Manoir des Lions de Tourgéville, Deauville
MAPA E3 ▪ Le Bourg ▪ 02 31 88 84 95 ▪ www.manoirlionstourgeville.com ▪ €€
Una manoir, tremendamente elegante y acogedora con un encantador jardín justo a las afueras de Deauville. Las amplias

habitaciones, decoradas con muchas antigüedades, tienen baños modernos. Desayunos de lujo.

Chambres d'Hôtes Atypik, Dieppe
MAPA G1 ▪ 3-5 Rue cité de Limes ▪ 06 89 60 08 19 ▪ www.chambres-hotes.fr ▪ €
Situado en la histórica zona pesquera de Dieppe, este encantador alojamiento con desyuno está decorado en un elegante estilo náutico. El desayuno se sirve en el patio.

Château de Sarceaux, Alençon
MAPA E6 ▪ Rue des Fourneaux ▪ 06 07 49 52 58 ▪ www.chateau-de-sarceaux.com (consultar web previamente) ▪ €€
Los huéspedes de este encantador château que en su día fue una cabaña de cazadores se encuentran nada más entrar con el mismísimo Marqués de Sade. El alojamiento se divide en 4 elegantes habitaciones decoradas con muebles antiguos. Todas ellas dan a un hermoso terreno con un lago. En el viejo establo reacondicionado puede alojarse un grupo grande o una familia.

La Cour Ste-Catherine, Honfleur
MAPA F3 ▪ 74 Rue du Puits ▪ 07 87 04 49 16 ▪ www.coursainte catherine.com ▪ €€
Este encantador B&B cercano al puerto viejo es un edificio del siglo XVII que en su día fue un convento. Las cinco habitaciones (una por planta) tienen baños privados. Cerca hay otros tres apartamentos sin pensión que

pueden alojar hasta 5 personas.

Manoir de la Fieffe
MAPA B2 ▪ Cherbourg-en-Cotentin ▪ 06 15 06 83 42 ▪ www.manoirdelafieffe.com ▪ €€
Al tratarse de una mansión del siglo XVI, la Manoir de la Fieffe es un lugar con mucha historia. Ofrece 3 dormitorios limpios y espaciosos así como una cabaña sin pensión. Los huéspedes pueden relajarse en el enorme parque que rodea la mansión.

Tanquerey de la Rochaisière, Coutances
MAPA B4 ▪ 13 Rue St-Martin ▪ 06 50 57 22 55 ▪ www.bandb-hotel-coutances.fr ▪ €€
Justo en el centro de Coutances, aunque en una calle tranquila, este acogedor hostal en una casa del siglo XVII ofrece 2 enormes habitaciones de lujosos muebles. Cuando hace buen tiempo, los huéspedes pueden sentarse en el jardín del patio.

Alojamiento económico

La Ferme des Mares, Saint-Germain-Sur-Ay
MAPA B3 ▪ 26 Rue des Mares ▪ 02 33 17 01 02 ▪ www.la-ferme-des-mares.com ▪ €
Ubicado en un rincón tranquilo de la costa oeste de la Península del Cotentin, esta granja familiar tradicional cuenta con 10 amplias habitaciones. Las deliciosas comidas caseras contribuyen a su encanto acogedor y hogareño.

La Régence, Cherburgo

MAPA B2 ▪ 42 Quai de Caligny ▪ 02 33 43 05 16 ▪ www.laregence.com ▪ €
De cara al muelle, este popular bistró ofrece habitaciones pequeñas decoradas con muy buen gusto, alguna de las cuales cuentan con baño y *spa*. Mejor alojarse en una de las habitaciones que dan al puerto. Es un alojamiento excelente en una ciudad que no es famosa por sus hoteles.

Le Cap, Barneville-Carteret

MAPA A3 ▪ 6 Rue du Port ▪ 02 33 53 85 89 ▪ www.hotel-le-cap.fr ▪ €
Un acogedor hotel de cara al mar, con habitaciones algo básicas pero atractivas, algunas de las cuales tienen vistas al mar. El restaurante se ha ganado fama por su excelente marisco y su cocina tradicional.

Les Agriculteurs, St-Pierre-sur-Dives

MAPA E4 ▪ 118 Rue de Falaise ▪ 02 31 20 72 78 ▪ www.lesagriculteurs.com ▪ €
Este Logis de France histórico y familiar tiene una atmósfera acogedora, hermosos dormitorios y un restaurante popular que sirve comida de la región. Lo mejor es venir un lunes de mercado (ver p. 76).

Logis Les Remparts, Bayeux

MAPA C3 ▪ 4 Rue Bourbesneur ▪ 02 31 92 50 40 ▪ www.lesremparts bayeux.com ▪ €
El dueño de este establecimiento es François Lecornu, el único productor de sidra de toda la ciu-

dad de Bayeux. Este pequeño hotel tiene muchísima personalidad. Su construcción se remonta a la Edad Media, siendo remodelado durante el siglo XVIII. Está situado en el corazón de la ciudad y ofrece magníficas vistas. Las habitaciones están decoradas con hermosas antigüedades, aunque carecen de televisor.

Le Moulin Fouret, Bernay

MAPA F4 ▪ St Aubin le Vertueux ▪ 07 81 68 42 07 ▪ www.lemoulinfouret.fr ▪ €
Este atractivo molino de agua del siglo XVI es sobre todo conocido por su restaurante de primera categoría. En verano se puede cenar al aire libre en el florido jardín.

Aux 13 Arches, Portbail

MAPA A3 ▪ 9 Pl Castel ▪ 02 33 04 87 90 ▪ www.13arches.com ▪ €€
Este atractivo hotel-restaurante está situado a pie de playa en un pequeño muelle cerca de Barneville-Carteret. Las habitaciones, sencillas y elegantes, dan a un área cubierta.

Alquiler vacacional

Allez France

www.allezfrance.com
Esta empresa inglesa que lleva mucho tiempo asentada en Francia ofrece desde apartamentos a cabañas de piedra o madera, la mayor parte de las cuales tienen propietarios franceses.

Cottages.com

www.cottages.com
Esta empresa ofrece más de 120 cabañas

cerca de varios lugares de interés, entre las que se encuentran las ubicaciones del Desembarco del Día D, campos de golf, el Mont-Saint-Michel o algunas playas. La página web incluye comentarios de otros visitantes y categorías de cabañas según los servicios ofrecidos. También se encargan de organizar viajes.

French Connections

www.frenchconnections.co.uk
French Connections ofrece una amplia gama de alojamientos, desde lujosos graneros remodelados a pintorescas cabañas campestres. La mayoría de las casas que ofrecen en Normandía pertenecen a personas privadas. La página web tiene descripciones completas de cada alojamiento y muchas fotografías. En algunos casos se incluyen enlaces a la página web personal de los dueños.

Gîtes de France

02 33 05 97 69 ▪ www.gites-de-france-normandie.com
La Fédération Nationale des Gîtes de France tiene más de 2.000 propiedades clasificadas en Normandía, la mayor parte de las cuales son pintorescas cabañas rurales. Es el primer sitio web que debería consultar cualquiera que planee unas vacaciones sin pensión incluida en la zona.

Novasol

www.novasol.co.uk
Este enorme portal web proporciona una lista de alquileres en 26 países, con casi 3.000 propiedades de calidad en Francia que

van desde pequeñas cabañas de piedra a casas con entramado de madera, o bien apartamentos modernos con piscina.

Camping

Camping de la Vée, Bagnoles-de-l'Orne

MAPA D5 ▪ 5 Rue du Président Coty ▪ 02 33 37 87 45 ▪ www.camping bagnoles delorne.com ▪ Cerrado finales nov-feb ▪ €

La mayor baza de La Vée es su emplazamiento: está cerca de Bagnoles (ver p. 66) y del Fôret des Andaines (ver p. 63). Sus 250 espacios para tiendas están dispuestos entre en un entorno boscoso. Entre sus muchos servicios se cuentan el bar y una sala de juegos.

Camping de l'Ermitage, Donville-les-Bains

MAPA B4 ▪ 02 33 50 09 01 ▪ www.camping-ermitage.com ▪ Cerrado med oct-med abr ▪ €

Rara vez hace falta salir de este camping enorme y bien gestionado. Aparte de ir a la playa, se puede montar a caballo, jugar al tenis o relajarse en el centro de talasoterapia.

Camping des Deux Rivières, Martigny

MAPA H1 ▪ 02 35 85 60 82 ▪ www.camping-2-rivieres.com ▪ Cerrado oct-fin mar ▪ €

Cuesta creerlo, pero este camping encajado en una islita queda muy cerca en coche de Dieppe. Hay disponibles muchas actividades de interior, pero con el bosque Arques, el río Varenne y el lago que está justo a la puerta del camping, este lugar está

hecho para actividades al aire libre.

Camping du Vievre, St-Georges-du-Vièvre

MAPA F3 ▪ 02 32 42 76 79 ▪ www.camping-eure-normandie.fr ▪ Cerrado oct-mar ▪ €

La mayoría de los campistas de aquí son fanáticos del aire libre que vienen atraídos para hacer exigentes rutas de senderismo o de difíciles tramos en bicicleta de montaña. Si todo eso es demasiado esfuerzo, también hay tenis, ping-pong y piscina.

Camping Huttopia, Moyaux

MAPA F3 ▪ 02 31 63 63 08 ▪ www.europe.huttopia.com ▪ Cerrado med sep abr ▪ €

Un camping tradicional y de lujo (sin caravanas) que comparte terreno con un elegante *château*. Si se reserva, se puede cenar en el *château* los martes y sábados. Tiene piscina climatizada, bar, *crêperie*, tienda de comestibles, salón de juegos y minigolf.

La Côte de Nacre, St-Aubin-sur-Mer

MAPA G1 ▪ Rue Général Moulton ▪ 02 31 97 14 45 ▪ www.sandaya.fr ▪ Cerrado oct-abr ▪ €

Con una soberbia piscina, toboganes de agua, actividades para los niños y espectáculos, este camping se corona como un alojamiento 5 estrellas para toda la familia.

La Vallée, Houlgate

MAPA E3 ▪ 88 Rte de la Vallée ▪ 02 31 24 40 69 ▪ www.campinglavallee.com ▪ Cerrado oct-mar ▪ €

Desde este bien equipado

camping se puede llegar a pie a la playa de Houlgate, donde se pueden dar clases de carrovelismo o ir a pescar.

Le Ranch, Le Rozel

MAPA A2 ▪ 02 33 10 07 10 ▪ www.camping-leranch.com ▪ Cerrado oct-abr ▪ €

Se puede montar una tienda o dormir en una de las caravanas bien diseñadas del camping. Situado en la costa oeste del Cotentin, Le Ranch tiene acceso a una enorme playa de arena, buen lugar para practicar surf y demás deportes de playa.

Les Gravelets, Montmartin-sur-Mer

MAPA B4 ▪ 3 Rue du Rey ▪ 02 33 47 70 20 ▪ www.camping-montmartin.com ▪ Cerrado nov-mar ▪ €

Este camping de 2 estrellas era antes una cantera de caliza que fue reformada en 1983. Uno de los fosos se usa ahora para practicar escalada, mientras que el otro se ha convertido en pista de tenis.

Château de Lez Eaux, St-Pair-sur-Mer

MAPA B5 ▪ 02 33 51 66 09 ▪ www.lez-eaux.com ▪ Cerrado sep-finales mar ▪ €€

Amplias parcelas y lujosos bungalós en este camping de 4 estrellas rodeado de floreciente vegetación. Hay una parcela para autocaravana, caravana y tienda de campaña. Tiene parque acuático, tenis, vóleibol y billar, y el Mont-Saint-Michel, Grainville y Brittany, están todos a corta distancia del camping.

Para consultar precios de los hoteles ver p.128

Índice general

Agradecimientos

Edición actualizada por

Colaboración Élisabeth Blanchet
Edición sénior Dipika Dasgupta, Alison McGill
Diseño de proyecto sénior Stuti Tiwari
Edición de proyecto Anuroop Sanwalia
Asistencia en documentación fotográfica Manpreet Kaur
Documentación fotográfica sénior Nishwan Rasool
Diseño de cubierta Claire Guest, Divyanshi Shreyaskar
Cartografía sénior Subhashree Bharati
Cartografía Suresh Kumar
Diseño DTP sénior Tanveer Zaidi
Producción sénior Jason Little
Producción Kariss Ainsworth
Responsables editoriales Shikha Kulkarni, Beverly Smart, Hollie Teague
Edición de arte sénior Priyanka Thakur
Dirección de arte Maxine Pedliham
Dirección editorial Georgina Dee

DK quiere dar las gracias a las siguientes personas por su aportación a ediciones anteriores: Hilary Bird, Fiona Duncan, Leonie Glass, Ruth Reisenberger, Debra Wolter

Primera edición creada por DP Services, una división de Duncan Peterson Publishing Ltd.

La editorial quiere agradecer a las siguientes personas, instituciones y compañías el permiso para reproducir las siguientes fotografías:

Leyenda: a=arriba; b=abajo; c=centro; f=extremo; l=izquierda; r=derecha; t=superior
Alamy Stock Photo: age fotostock/J.D. Dallet 55b; The Art Archive/Gianni Dagli Orti 96cla; Arterra Picture Library/Clement Philippe 21cl; David Bagnall 20bl, 21cra, 31tr; Sebastien Breham 4cl; BSIP SA/MAY 65tc; David Burton 71cl; Chronicle 50cr; Sorin Colac 6cla; Joel Douillet 116tr; John Elk III 80b; EPA/Etienne Laurent 81tr; Keith Erskine 117crb; FALKENSTEINFOTO 51cla; Wayne Farrell 77cb; Patrick Forget 94cl; Gilles Targat / Photo12 70tr; Deborah Harmes 69br; Granger Historical Picture Archive / NYC 49tr; Hemis 51bl, /Arnaud Chicurel 30cl, 80t, /Betrand Rieger 99cra, 111tc, /Francis Cormon 87tl, 97bl, /Franck Guiziou 32cla, 34–5, 63tr, 66cla, 72t, 78tr, 98tl, 102tl, /Hervé Hughes 7tr, 39tl, 55cr, 110cla, /Stephane Lemaire 76b, /Rene Mattes 12cb, /Philippe Renault 33crb, /Jean-Daniel Sudres 71tr; imageBROKER/gourmet-vision 72clb, /White Star/Guido Schiefer 74cb; incamerastock 23br; INTERFOTO/Fine Arts 17tl; Ivy Close Images 48b; Brian Jannsen 10cra; David Jones 22cr, 23cb, 33tl; John Kellerman 25cr;

Les. Ladbury 63br; Lebrecht Music and Arts Photo Library 53tr; Lessay France/Steve Frost 103cra; Photos 12/Gilles Targat 92tl; Rolf Richardson 36cr; robertharding/Jon Miller 58–9; Richard Semik 23tl; David South 104cra; Tesson / Andia 65cl; Andrew Wilson 79tr, 115tl; World Pictures 114b; Tim Wright 81cl, Robert Zehetmayer 60br.
AWL Images: Jason Langley 1
Bayeux-Bessin Tourisme: Claire Beauruel 18cl; Galerie Tapisserie de Bayeux avec autorisation spéciale de la Ville de Bayeux 10cl, 16–7; Photos Calvados/Gregory Wait 18br; JM Piel 36tl.
Galerie Tapisserie de Bayeux: 16clb.
Bridgeman Images: The Barnes Foundation, Philadelphia, Pennsylvania, USA *Mussel Fishers at Berneval* (1879) by Pierre Auguste Renoir 48tl; De Agostini Picture Library/ Bibliothèque Nationale De France, Paris *The Battle of Formigny, April 25, 1450*, miniature from The Life of Charles VII by Jean Chartier 46br; Jacques Prevert 51bl.
Calvados Tourisme: 64clb, 68cl, 70bl, 93cr, 95tl, 95bl.
Corbis: adoc-photos 47tr; AS400 DB 37b; Berliner Verlag/Archiv 47cl; Stefano Bianchetti 50tl; Massimo Borchi 88bc; Design Pics/Ian Cumming 60tl; Michael Freeman 19cl; The Gallery Collection 43b, /*On the Beach at Trouville* by Eugene Boudin 49cla; Hemis /Arnaud Chicurel 65b, /Francis Cormon 62cr, /Franck Guiziou 56t, 78b; Leemage 27cl, 46t; Rivière/SoFood 73bl; Sygma 37r, /Sophie Bassouls 51tr; Topic Photo Agency 75bl.
Cité de la Mer: B.Almodovar 54bl.
Domaine St-Clair, Étretat: 91tr.
Dreamstime.com: Valentin Armianu 4clb; Briedys 13crb; Brighton 34clb; Musat Christian 67cla, 107crb; Claudio Giovanni Colombo 24cla, 26cr; Davidmartyn 103b; Delstudio 30–1; Demid 86cl; Eovsyannikova 12–3; Prochasson Frederic 20ca; Marius Godoi 32–3; Remus Grigore 98br; Jakezc 106b; Lukasz Janyst 2tl, 4t, 8–9, 31cr; Jorisvo 4b, 15bl, 16c, 17bl; Junkgirl 14crb; Kateryna Levchenko 108cla; Lubastock 86br; Francisco Javier Gil Oreja 11crb; Patrickwang 38–9; Peregrine 34cla, 108bl; Renaud Philippe 75tr; Philippehalle 2tr, 4cla, 20crb, 24br, 26clb, 35tl, 36bl, 38l, 44–5, 53l, 56bl, 88tr, 89cr, 97cr, 112b; Pierrot46 22cla; Ekaterina Pokrovsky 11cra; Pere Sanz 34br; Sergiyn 24–5, 85t; Jose I. Soto 14cla; Stevanzz 10br, 11tr; Topdeq 3tl, 4cr, 82–3; Tupungato 84tl; Ivonne Wierink 85cr; Xantana 67h, 100–1; Robert Zehetmayer 30br, 35br; Vladimir Zhuravlev 11tl; Zwawol 104bl.

Fondation Claude Monet, Giverny: 11br, 40cla, 40–1, 41tl, 43tl; Difalcone 41clb.

Getty Images: The Bridgeman Art Gallery/ Musee des Beaux-Arts, Orleans, France *The Entrance of Joan of Arc into Orleans on 8th May 1429* by Jean-Jacques Scherrer 27b; Brigitte MERLE 76tr; John Elk 10clb, 23cra; Heritage Images 19bl; Jason's Travel Photography 28–9.

Musée des impressionnismes Giverny: 42tl;Jean-Charles Louiset 42clb.

Normandie Tourisme: Thierry Houyel 105bl; C. Lehembre 107tl.

La Ferme des Mares: 109cr.

L'Epicier Olivier: 90cr.

Robert Harding Picture Library: Richard Ashworth 93tr; Christian Goupi, 12bl, 13tl; Mel Longhurst 11clb, 39crb.

Shutterstock.com: alexseb 4crb, Chriss Hellier 57cla; imageBROKER 73tr.

SuperStock: Hemis.fr 33c, /Bertrand Rieger 26tl.

Tourisme Orne: 3tr, 112cra, 113cla, 115crb, 118–9; David Commenchal 62t; Manoir du Lys/Christian Vallee 74tl.

Cubierta
Delantera y lomo: **AWL Images:** Jason Langley

Trasera: **Alamy Stock Photo:** tim gartside travel cla; funkyfood London – Paul Williams tl; **AWL Images:** Jason Langley b; **Dreamstime. com:** Janos Gaspar tr, Stevanzz crb.

Mapa desplegable
AWL Images: Jason Langley

Resto de imágenes: © Dorling Kindersley. Para más información ver www.dkimages.com

Ilustración chrisorr.com

Documentación fotográfica Max Alexander, Alex Havret, Rough Guides/Greg Ward, Tony Souter

Penguin
Random
House

De la edición en español
Servicios editoriales
Moonbook
Traducción DK
Coordinación editorial
Cristina Gómez de las Cortinas
Dirección editorial Elsa Vicente

Impreso y encuadernado en China

Publicado originalmente en
Gran Bretaña en 2004
por Dorling Kindersley Limited
DK, One Embassy Gardens, 8 Viaduct
Gardens, London SW11 7BW, UK

Copyright © 2004, 2024 Dorling
Kindersley Limited
Parte de Penguin Random House

Título original Eyewitness Travel
Top 10 Normandy
Segunda edición 2025

ISBN 978-0-241-72575-7

Frases útiles

Urgencias

¡Ayuda!	Au secours!
Llame…	Appelez…
…a un médico	…un médecin!
…a una ambulancia	…une ambulance
…a la policía	…la police
…a los bomberos	…les pompiers
¡Pare!	Arrêtez!

Vocabulario básico

Sí/No	Oui/Non
Por favor	S'il vous plaît
Gracias	Merci
Perdone	Excusez-moi
Hola	Bonjour
Adiós	Au revoir
Buenas noches	Bonsoir
¿Qué?	Quel, quelle?
¿Cuándo?	Quand?
¿Por qué?	Pourquoi?
¿Dónde?	Où?

Expresiones útiles

¿Cómo está usted?	¿Coman talé vu?
Muy bien,	Très bien,
Encantado de conocerle	Enchanté de faire votre connaissance
¿Dónde está /están?	Où est /sont…?
¿Cómo se va a…?	Quelle est la direction pour…?
¿Habla usted español?	Parlez-vous espagnol?
No entiendo	Je ne comprend pas
Disculpe	Excusez-moi

Vocabulario útil

grande	grand
pequeño	petite
caliente	chaud
frío	froid
bueno	bon
malo	mauvais
abierto	ouvert
cerrado	fermé
izquierda	gauche
derecha	droit
entrada	l'entrée
salida	sortie
servicio	les toilettes

Compras

¿Cuánto cuesta?	Ça fait combien?
¿A qué hora…?	A quelle heure…
¿…abren?	…êtes-vous ouvert?
¿… cierran?	…êtes-vous fermé?
¿Tienen ustedes…?	Est-ce que vous avez?
Quería…	Je voudrais…
¿Aceptan tarjeta?	Est-ce que vous acceptez cartes de crédit?
Este	Celui-ci
Aquel	Celui-là
Caro	Cher
Barato	Pas cher Bon marché
talla (ropa)	la taille
talla (zapatos)	la pointure

Tipos de tienda

agencia de viajes	l'agence du voyages
antigüedades	le magasin d'antiquités
banco	la banque
delicatessen	la charcuterie
colmado	l'alimentation
confitería	la pâtisserie
correos	la poste le bureau de poste le PTT
estanco	le tabac
farmacia	la pharmacie
grandes almacenes	le grand magasin
librería	la librairie
mercado	le marché
panadería	la boulangerie
quesería	la fromagerie
quiosco de prensa	le magasin de journaux
supermercado	le supermarché
tienda de regalos	le magasin de cadeaux
frutería	le marchand de légumes

Palabras habituales

ayuntamiento	l'hôtel de ville
biblioteca	la bibliothèque
catedral	la cathédrale
estación de autobuses	la gare routière
estación de tren	la gare (SNCF)
galería de arte	la galerie d'art
iglesia	l'église
jardín	le jardin
museo	le musée
oficina de turismo	l'office de tourisme

En el hotel

¿Tienen habitaciones libres?	Est-ce que vous avez une chambre?
Tengo una reserva	J'ai fait une reservation
habitación individual	la chambre à une personne
habitación con dos camas	la chambre à deux lits

habitación	la chambre avec
con baño,	salle de bains
con ducha	une douche
habitación	la chambre
con cama de	à deux
matrimonio	personnes,
	avec un grand lit

En el restaurante

¿Tienen mesa?	Avez-vous une
	table libre?
Quiero	Je voudrais
reservar mesa	réserver
	une table
La cuenta,	L'addition,
por favor	s'il vous plaît
almuerzo	le déjeuner
botella	la bouteille
café	le café
camarera	Madame,
/camarero	/Mademoiselle
	Monsieur
cena	le dîner
cuchara	la cuillère
cuchillo	le couteau
desayuno	le petit
	déjeuner
entrante,	le hors
primer plato	d'œuvre
lista de vinos	la carte des vins
menú	le menu, la carte
menú fijo	le menú
	à prix fixe
plato principal	le plat principal
plato del día	le plat du jour
precio del	
cubierto	le couvert
tenedor	la fourchette
vaso	le verre
vinoteca	le bar à vin

La carta

a la brasa	grillé
aceite	l'huile
agua	l'eau
agua mineral	l'eau minerale
ajo	l'ail
al horno	cuit au four
arroz	le riz
asado	rôti
azúcar	le sucre
café	le café
caracoles	les escargots
carne	la viande
cebollas	les oignons
cerdo	le porc
cerveza	la bière
chocolate	le chocolat
cordero	l'agneau
filete	le bifteck, le steak
fruta fresca	le fruit frais
hervido	bouilli
hielo, helado	la glace
huevo	l'oeuf
jamón	le jambon
leche	le lait
limón	le citron
limonada	le citron pressé
mantequilla	le beurre
marisco	les fruits de mer

pan	le pain
patatas	les pommes
	de terre
patatas fritas	les frites
pato	le canard
pescado	le poisson
pimienta	le poivre
pollo	le poulet
postre	le dessert
queso	le fromage
sal	le sel
salchicha	la saucisse
sopa	la soupe,
	le potage
tarta	le gâteau
té	le thé
ternera	boeuf
verdura	les légumes
vinagre	le vinaigre
vino tinto	le vin rouge
vino blanco	le vin blanc
zumo de naranja	l'orange pressé

Números

0	zéro
1	un, une
2	deux
3	trois
4	quatre
5	cinq
6	six
7	sept
8	huit
9	neuf
10	dix
11	onze
12	douze
13	treize
14	quatorze
15	quinze
16	seize
17	dix-sept
18	dix-huit
19	dix-neuf
20	vingt
30	trente
40	quarante
50	cinquante
60	soixante
70	soixante-dix
80	quatre-vingts
90	quatre-vingt-dix
100	cent
1.000	mille

Tiempo

un minuto	une minute
una hora	une heure
media hora	un demi-heure
un día	un jour
lunes	lunedi
martes	mardi
miércoles	mercredi
jueves	jeudi
viernes	vendredi
sábado	samedi
domingo	dimanche

Poblaciones principales